Oscar b

CW01431756

Dello stesso autore

nella collezione Oscar

Akropolis
Aléxandros. 1. Il figlio del sogno
Aléxandros. 2. Le sabbie di Amon
Aléxandros. 3. Il confine del mondo
I Celti in Italia (con Venceslas Kruta)
I cento cavalieri
Chimaira
Gli Etruschi in Val Padana (con Luigi Malnati)
Il faraone delle sabbie
I Greci d'Occidente (con Lorenzo Braccesi)
Mare greco (con Lorenzo Braccesi)
L'oracolo
Palladion
Le paludi di Hesperia
Lo scudo di Talos
La torre della solitudine
L'ultima legione

nella collezione Omnibus Italiani

Il tiranno

VALERIO MASSIMO MANFREDI

L'ISOLA DEI MORTI

OSCAR MONDADORI

© 2005 Arnoldo Mondadori Editore S.p.A., Milano

I edizione Oscar bestsellers febbraio 2005

ISBN 88-04-53777-9

Questo volume è stato stampato
presso Mondadori Printing S.p.A.
Stabilimento NSM - Cles (TN)
Stampato in Italia. Printed in Italy

www.librimondadori.it

L'isola dei morti

L'isola dei morti

Quale ne l'arzanà de' Viniziani
bolle l'inverno la tenace pece
a rimpalmare i legni lor non sani.

«Mi sono venuti in mente quei versi dell'*Inferno* appena ho visto quel relitto, non so perché, anzi, lo so benissimo. Siamo a Venezia, o in ogni caso non molto distante, sul fondo della laguna a poche spanne dalla superficie c'è una nave risalente al quattordicesimo secolo, lunga una trentina di metri, che gli archeologi stanno liberando dal fango che la ricopre, e il fasciame comincia a riapparire... Uno spettacolo, ti assicuro, una tecnica costruttiva formidabile, una perfezione nelle connessure che faceva pensare a un violino, non allo scafo di una galea. Stavano liberando la scassa dell'albero: c'era ancora la stoppa tutto attorno e le zeppe per fissarlo...»

Lucio Masera si accalorava mentre descriveva ciò che aveva visto durante la sua immersione nelle acque non proprio limpide di San Marco in Boccalama e il suo amico Rocco Barrese lo ascoltava con grande interesse. Barrese era un filologo romanzo che insegnava letteratura medievale a Ca' Foscari, e che aveva pubblicato un importante studio sulle fasi compositive della *Divina Commedia*, suscitando anche una certa polemica negli ambienti degli specialisti. L'ipotesi di Barrese era che Dante fosse tornato sul suo testo fino all'ultimo momento e che certi ripensamenti o certe aggiunte erano state fatte addirittura poco prima della sua morte e non solo nella terza cantica del *Paradiso*, ma in tutto il poema. Barrese era inoltre un linguista poliglotta di sterminata dottrina, capace di distinguere a prima vista, o al primo ascolto, impercettibili sfumature semantiche e fonetiche, sia nel campo delle lingue che in quello dei numerosi dialetti che padroneggiava perfettamente. Il suo studio al secondo piano di una casa del Ghetto vecchio era talmente ingombro di libri che a malapena si riusciva a passare da un ambiente all'altro e sulla scrivania ce n'erano almeno una mezza dozzina di aperti, tra i quali la biografia di Dante del Petrocchi.

Barrese, che era un tipo sedentario, un vero topo di biblioteca, si era subito interessato al racconto di Masera che gli sembrava quanto di più avventuroso si potesse immaginare, per uno come lui che non aveva mai guidato un'auto né inforcato una bicicletta, né mai percorso a piedi più di un chilometro senza fermarsi a riposare e a meditare. Inoltre l'idea che un passaggio della *Commedia* fosse collegato a una scoperta archeologica, anche se soltanto per una semplice associazione di idee e per una coincidenza cronologica, lo eccitava.

«Lo vuoi un caffè?» chiese accostandosi al fornello.

«Volentieri. Il caffè come lo fai tu è più buono che al bar.»

«Perché lo faccio con la napoletana» rispose «e con il tempo che ci vuole. Il caffè è come un buon articolo scientifico: ci vuole il suo tempo perché venga bene. Tu, a proposito, come sei messo con il concorso?»

«Come vuoi che sia messo? Da cani. La commissione che hanno estratto a sorte, guarda caso, mi è in gran parte contraria e il vincitore è già stato deciso da almeno due mesi.»

«Se la pensi a questo modo del mondo accademico,» disse Barrese armeggiando con la caffettiera «perché non te ne vai?»

«E dove? E a far che? L'unica cosa che so fare è questa: razzolare con la cazzuola a raccattare cocci, sia per terra che per mare.»

«E adesso che cosa succede?» domandò Barrese tornando al primo argomento di conversazione. «Voglio dire, una volta individuato il relitto che fate, lo tirate fuori dall'acqua?»

«Nemmeno per sogno. Innanzitutto lo liberiamo completamente dalla terra di riempimento, dopo di che comincia la fase più spettacolare dell'operazione. Si monta un palancolato di ferro conficcato sul fondale della laguna creando una specie di recinto tutto attorno al relitto. Poi si posizionano delle idrovore e si comincia a pompare l'acqua fuori dal recinto fino a mettere all'asciutto il fondale della laguna e il relitto stesso. È un sistema inventato dagli archeologi inglesi per le zone umide: si chiama *well point*.»

«Ma come fate a tener fuori il mare?» chiese stupito Barrese.

«Dopo un po' le connessure del palancolato si sigillano da sole con la fanghiglia in sospensione nell'acqua; semmai si cola un po' di segatura per accorciare i tempi e ti assicuro che non passa una goccia.»

«E poi?»

«A quel punto ripuliamo lo scafo fino a mettere a nudo il legno, fotografiamo, documentiamo, disegniamo.

Da ultimo ricopriamo con un telo di tessuto sintetico e facciamo entrare l'acqua.»

«Cosa?» esclamò Barrese restando con la caffettiera in mano a mezz'aria, «dopo tutta quella fatica e quel lavoro la rimettete sotto? Ma non sono soldi sprecati?»

«Nient'affatto. Lo scopo dell'archeologia non è recuperare oggetti ma dati conoscitivi. E comunque il costo maggiore sarebbe il recupero. Certo uno scavo che non porti a casa oggetti, tesori, qualcosa di visibile insomma, e possibilmente di esponibile, non sarebbe compreso, per cui io penso che i nostri finanziatori faranno un ulteriore sforzo per un secondo intervento che ci consenta il recupero e l'esibizione dello scafo come trofeo della nostra campagna. Te lo immagini far bella mostra di sé nei locali dell'Arsenale dove fu costruito più di sei secoli or sono? Non sarebbe fantastico?»

Barrese prese due tazzine da un armadietto e cominciò a versare il caffè: «Altro che,» rispose «ma dimmi, chi è che finanzia lo scavo?»

«La Fondazione Foster.»

«E chi sono?»

«A dirti la verità non lo so. Credo sia la struttura culturale di una grossa azienda di telecomunicazioni, la Intercom, che ha sede a Londra. Pare che il presidente, Sir Basil Foster, sia un maniaco dell'archeologia navale. Suo è il recupero, l'anno scorso, della nave vichinga di Bjornstroem e qualcuno gli attribuisce perfino una spedizione sull'Ararat sulle tracce dell'arca di Noè, anche se stento a crederlo. Fra una settimana verrà giù a vedere la nave. Sullo scavo sono tutti in fibrillazione.»

«E fino a ora non avete trovato niente? Voglio dire, reperti, oggetti di interesse...»

«Oh, sì certo. Intanto abbiamo scoperto che la nave è stata affondata deliberatamente praticando una serie di fori nello scafo e inoltre abbiamo trovato i resti di un uomo a bordo. Anzi, guarda, ho qui qualcosa.»

Barrese si voltò e quasi lasciò cadere il vassoio con le tazzine: davanti a lui, appoggiato su una pila di libri, c'era un teschio umano, nero come la pece, che sembrava guardarlo con le sue occhiaie vuote.

«Santo cielo, ma che è? Metti via quella roba, mi dà i brividi!»

«È un teschio come vedi, e se potesse parlare probabilmente potrebbe raccontarci una storia molto interessante. Ma non è il solo, sai: laggiù ce n'è a migliaia, il fondo ne è pieno.»

«Migliaia? Ma di che cosa si tratta?... Non è una cosa comune, mi pare.»

«No, infatti. Tutt'altro che comune. Pensiamo che si sia trattato di un'epidemia. C'era un'isola una volta in quel posto, che in seguito è andata sommersa. È probabile che l'abbiano usata come discarica per i cadaveri della peste.»

«Allegra, come ipotesi» disse Barrese sedendosi. «Preferisco la filologia.»

Lucio sorbì il suo caffè poi infilò il teschio in una borsa di plastica della Coop e si congedò: «Lo porto in laboratorio per le analisi» disse alzandosi.

«Torna presto a trovarmi» gli rispose Barrese. «Sono sempre solo come un cane e le tue storie mi appassionano, mi movimentano la vita.»

«Sì, certo,» rispose Lucio «appena ho un minuto.» Aprì la porta e scese le scale buie e umide fino al campo. Era il tramonto: il cielo era attraversato da voli di rondini e il campo da grida di ragazzini che giocavano a palla. Lucio passò prima dall'Istituto Kemp a depositare un frammento di legno dello scafo per un radiocarbonio 14, poi depositò il teschio all'Istituto di antropologia dell'università: trecentocinquanta dollari la prima analisi, quindici euro la seconda, pagamenti ambedue anticipati. Rientrò nella sua abitazione presso il ponte dell'Accademia che faceva già scuro e andò in sala da pranzo. Assunta, la sua cameriera napoletana, aveva lasciato il piatto della pasta sul tavolo coperto da un altro piatto e una mezza bottiglia di Chianti dalla sera precedente. Niente pane, solo grissini. Forse avrebbe dovuto sposarsi, pensò, ma le cose sarebbero migliorate? Quale moglie avrebbe sopportato i suoi ritmi, i suoi orari, le sue paturnie? E inoltre la sua ultima ragazza, Milena, lo aveva appena piantato per incompatibilità quasi totale di carattere, orari lavorativi e tempo libero. Un fiasco totale.

Spense il cellulare, afferrò il telecomando e accese il televisore che stava all'altro capo del tavolo sicché la giornalista che annunciava il telegiornale sembrava una ragazza carina che avesse accettato un invito a cena: uno degli espedienti usati da Lucio per avere compagnia a tavola visto che non era quasi mai in grado di programmare un orario e quindi di invitare qualcuno, senza contare gli straordinari per Assunta che avrebbero peggiorato il suo già problematico bilancio. Le notizie importanti erano appena passate, ora toccava alla cultura e infatti, immancabilmente, la telecamera sorvolò il pezzo di laguna circoscritto dal palancolato e zoomò sulla lunga ombra affusolata che corrispondeva al relitto. Poté anche vedere se stesso in tuta e stivaloni intento a sondare con uno scandaglio la profondità dell'acqua nell'angolo sud-ovest della recinzione e, poco distante, il suo collega Michael Liddel-Scott, il rappresentante della Fondazione Foster intento a scattare fotografie. D'estate i giornali e i telegiornali non avevano molto di cui occuparsi e quell'operazione così spettacolare era come manna dal cielo per i media che si erano scatenati inventandosi anche storie e misteri inesistenti per rendere più appetitosi i loro reportage.

Liddel-Scott gli stava sulle scatole con la sua spocchia oxfordiana, le sue manie da superuomo e tutto quello snobismo di usare ancora carta e penna anziché il computer e per carità niente cellulare, lo detestava, e detestava tutti quegli imbecilli che ne avevano uno, ossia venticinque milioni di italiani e altrettanti inglesi. Ogni volta che parlava non esprimeva un punto di vista, emetteva una sentenza inappellabile. Non andava a genio nemmeno agli altri suoi colleghi, Alberto Fossa e Stefano Marras, che sgobbavano dall'alba al tramonto nelle loro mute intrise di fango puzzolente per sentirsi dire alla fine: «*I would have preferred a different approach to the problem, if I may say so...*».

«Pallone gonfiato, pomposo imbecille...» ringhiava Marras fra i denti nel suo accento gallurese e perfino le bolle del suo respiratore salivano in superficie più effervescenti quando era in immersione costretto a eseguire disposizioni che considerava assurde. A quel punto Lucio sperava soltanto di concludere nel migliore dei modi la prima tranche dei lavori, incassare il suo compenso e partire per una vacanza su qualche isola greca, ma una sorta di presentimento gli diceva che le sue aspettative erano destinate ad andare deluse. Spense la tv, lavò piatti e posate e passò nel suo studio per mettersi a lavorare. La piccola luce verde dei messaggi pulsava nella segreteria telefonica e Lucio premette il bottone dell'ascolto: Milena chiedeva di mandarle dei dischi che aveva dimenticato a casa sua, l'idraulico diceva di non aver trovato nessuno e che non sarebbe potuto ripassare prima di due settimane a sostituire il water e sua madre gli raccomandava di prendere le vitamine. Poi lo sorprese la voce di Marras perché lo aveva lasciato solo da poche ore: «Ho bisogno di parlarti: appena ascolti questo messaggio chiamami sul cellulare».

Lucio diede subito corso alla richiesta del collega che non aspettava altro: «Finalmente!» rispose. «Dove ti eri cacciato? Il cellulare era spento e il fisso aveva la segreteria.»

«Quando mangio e guardo il Tg desidero starmene in pace e lo spengo. Tutto qui. Allora, che cosa c'è di così urgente?»

«Non mi va di parlarne al telefono. Devo vederti subito.»

«Va bene. Dove sei?»

«A San Trovaso, al caffè Bressan.»

«Ci metto un quarto d'ora.»

«Ti aspetto.»

Una faccenda strana, quella chiamata, visto che si erano lasciati da poco. Cosa poteva mai volere Marras con quell'appuntamento e quell'aria di mistero? Lucio pensò che forse era solo la naturale, patologica diffidenza dei sardi, e che Marras magari voleva solo confidargli qualche sua ipotesi sulla tecnica costruttiva dei relitti e pensava che qualche collega invidioso avesse fatto mettere sotto controllo il suo cellulare. Non c'era più molta gente per le calli: solo in centro, qua e là, si vedevano capannelli di turisti seduti davanti ai caffè a prendere un gelato o a bere acqua minerale. Così era Venezia: capace di offrire zone quasi deserte anche in piena stagione turistica visto che il novanta per cento dei forestieri si accalcava fra piazza San Marco e il ponte di Rialto.

Marras stava seduto fuori e aveva ordinato un panino e una birra che dovevano costituire la sua cena.

Quando Lucio arrivò fece cenno al cameriere: «Che cosa prendi?».

«Un caffè» rispose Lucio. «Mi sa che c'è da star svegli per un po'. Cosa succede?»

Era un settembre ancora piuttosto caldo e quella era l'ora migliore, quando le pietre della città cominciavano a rinfrescarsi dopo aver disperso nell'aria della sera il calore immagazzinato durante il giorno. Marras mandò giù il boccone con un sorso di birra e venne subito al dunque: «Secondo te che possibilità ci sono che qualcuno possa aver sottratto un reperto dal relitto durante lo scavo?».

«Scarse.»

«Ma non nulle.»

«Se mi fai questa domanda la risposta mi pare ovvia. Bando ai giri di parole: chi ha sottratto cosa?»

«Il chi, tanto per cominciare: è l'inglese.»

«Liddel-Scott? Non ci posso credere. Andiamo, uno come lui non fa di queste cose.»

«Il cosa non sono in grado di dirtelo, ancora, ma credo di esserci vicino.»

«Su, Marras, non fare il sardo e sputa il rospo» disse Lucio.

«È presto detto. Quando siamo smontati oggi, sono tornato indietro allo spogliatoio perché avevo dimenticato l'agenda nell'armadietto e senza volere ho ascoltato una conversazione telefonica. Sai bene che quelle pareti sono soltanto un foglio di cartongesso. Era l'inglese che parlava con un cellulare.»

«Non mi dire. Ma se fa sempre le tirate contro gli imbecilli che stanno appesi al cellulare.»

«E quindi la cosa mi è parsa doppiamente sospetta. Dall'altra parte doveva esserci un pezzo grosso, dal tono con cui gli parlava e dai continui e rispettosi *"yes, Sir; as you wish, Sir"*.»

15

«Foster?»

«Direi di sì visto che si accordava per farsi venire a prendere a Tessera. Arriverà con il suo aereo privato, penso.»

«Ovviamente. E come hai capito che c'era di mezzo una sottrazione di reperti?»

«Perché a un certo punto Liddel-Scott ha detto *"Did you get the box with the parchment back from the laboratory?"*.»

«Allora? Gli ha chiesto se aveva avuto indietro la pergamena dal laboratorio. Non significa nulla: Il mondo è pieno di pergamene e di laboratori.»

«Sì, ma dopo aver avuto la risposta Liddel-Scott ha detto: "È incredibile che ci fosse ancora qualcosa di leggibile dopo tanti secoli di immersione in acqua salata".»

«Cristo!»

«Appunto.»

«Cosa pensi di fare? Io chiamerei l'ispettore all'archeologia.»

Marras scosse il capo, scettico: «Loredan è un emotivo. Se lo mettiamo di fronte a una simile ipotesi combina un casino che non finisce più, chiama i carabinieri, avverte la squadra mobile, telefona al ministro. Oppure rimane paralizzato sulla sua sedia con lo sguardo assente masticando matite e aspettando che gli venga un'ispirazione dal cielo e quando finalmente gli viene è quella sbagliata. Senza contare che non abbiamo niente in mano. Che cosa gli racconto, che ho ascoltato una conversazione telefonica in cui si parlava di questo e di quello? Non mi sembra proprio il caso.»

«Allora gliela facciamo passare liscia? Senza contare che mi piacerebbe molto sapere di che si tratta.»

«Chi ha detto questo? Ascoltami bene: noi facciamo

finta di niente, anzi, Liddel-Scott lo trattiamo come al solito, né bene né male, per non insospettirlo o metterlo sul chi vive. Però lo teniamo d'occhio, prima o poi dovrà esserci qualche scambio fra i due: di oggetti, di informazioni, di telefonate. Insomma, facciamo in modo di intercettare tutto l'intercettabile.»

«E come?» domandò Lucio, «tu e io abbiamo i nostri impegni, mica possiamo stargli alle costole ventiquattro ore su ventiquattro.»

«Io sono uno paziente» rispose Marras lapidario.

«Se te la senti fai pure,» replicò Lucio «ma io non sono il tipo che si mette a pedinare la gente, a origliare e tutto il resto. Perché non parliamo con i carabinieri del nucleo per la protezione del patrimonio archeologico? È il loro mestiere no? Qui a Venezia c'è per l'appunto una sezione e il tenente Savelli è anche uno sveglio.»

«Calma. Facciamo tutto quello che c'è da fare. Ci tenevo soltanto che tu sapessi di questa faccenda in modo da tenere gli occhi aperti tutte le volte che ne hai l'occasione, capisci?»

«Su questo ci puoi contare.»

«Benissimo. E adesso dobbiamo farci venire in mente dove quando e come quel figlio di puttana può aver messo le mani su un reperto del relitto senza che noi ce ne accorgessimo. Io non l'ho mai visto immergersi, tanto per dirne una.»

«Se è per questo non l'avevi neanche mai visto usare il cellulare.»

«Non è la stessa cosa. E in ogni caso io ho pensato e ripensato e mi sono riletto anche il giornale di scavo e non ho trovato un momento, dico uno, in cui Liddel-Scott avrebbe potuto mettere le mani su qualcosa che provenisse dal relitto.»

«Non sospetterai di me, spero» rispose allarmato Lucio.

«Non dire stronzate, abbiamo sempre lavorato insieme, so anche quante volte sei andato al cesso.»

«Allora?»

«Uno degli operai, forse... o uno dei loro tecnici. Ci sono stati dei momenti che c'era fango dappertutto, e tutti erano infangati, non era difficile far passare qualche cosa. Adesso si tratta di vedere di che cosa si tratta effettivamente. Ciò che non riesco a spiegarmi è perché mai Liddel-Scott avrebbe dovuto sequestrare un reperto che poteva osservare, analizzare, studiare con tutto comodo visto che è il responsabile scientifico dello sponsor.»

«Mi sembra evidente» rispose Lucio. «Quell'oggetto contiene informazioni che dovevano rimanere segrete per chiunque fuorché per lui, ossia per loro, se includiamo anche Sir Basil Foster.»

«Ma come faceva a saperlo, dico io.»

«Questo non me lo chiedere» rispose Marras. «Sono stati loro a localizzare il relitto e loro a sponsorizzare lo scavo. Se immaginiamo che stessero cercando qualcosa di preciso i conti tornano.»

«Sì, ma cosa stavano cercando?»

«Lo sapremo quando riusciremo a leggere cosa c'è scritto in quel documento, ammesso che sia accessibile. Io comunque ci voglio provare.»

«Mio Dio,» disse Lucio «mi sembra di essere in un film giallo. Solo che non ho la più pallida idea di come sia la trama.»

«Cerchiamo di fare una ricostruzione degli avvenimenti e poi elaboriamo un programma d'azione. Allora, io la vedo più o meno così: durante lo scavo Liddel-Scott si appropria di un reperto, o perché si attendeva di trovarlo per qualche ragione a noi ignota, o per puro caso. In un secondo momento il reperto che, a quanto ci risulta, dovrebbe essere una pergamena, viene inviato a Londra dove è sottoposto a un trattamento di fissaggio e quindi scannerizzato da un computer in grado di riconoscere alcuni milioni di tonalità di grigio. In questo modo viene isolata la tonalità superstite che costituisce le linee di scrittura, un po' come si fa con i papiri di Ercolano...»

«Ti seguo,» disse Lucio «continua.»

«Il testo evidenziato deve essere connesso alla presenza e all'attività di Liddel-Scott sul nostro cantiere se Foster lo porta con sé venendo in Italia. E quindi si può presumere che ci sarà un seguito a questa prima sottrazione di reperti. A quel punto, ipotizzato questo tipo di scenario, dobbiamo scegliere se tentare di farli beccare con le mani nel sacco dai carabinieri o lasciargli la briglia sul collo nella speranza di saperne di più. Tu che faresti?»

«A me sembra che la seconda ipotesi sia la più interessante, anche se non è certo la più saggia. Ma a questo punto brucio dalla voglia di sapere che accidenti c'è scritto in quel documento.»

«Benissimo. Allora, il programma prevede che io guidi la visita al relitto e che tu diriga il meeting alla Fondazione Cini, per cui, quando sei impegnato tu li sorveglio io, quando sono occupato io li sorvegli tu.»

«E se ci facessimo aiutare anche da Alberto Fossa?»

«Alberto? È veramente fantastico sott'acqua ma un po' meno in terraferma. Troppo emotivo. Teniamolo in panchina, che ci può sempre venir buono. Per il momento è un altro il mio asso nella manica.»

«Sarebbe a dire?»

«Agostino Fanti. È un vero mago delle tecnologie avanzate. Gli ho chiesto di preparare un giocattolo che potrebbe venirci prezioso: ci lavorerà tutta la notte, non è detto che ci riesca, però...»

«Mah, sempre i tuoi soliti misteri...» commentò Lucio, ma non insistette, conoscendo il carattere del suo amico.

Rimasero ancora a chiacchierare a lungo, tirando tardi nella bella serata settembrina, perché nessuno dei due aveva voglia di andarsene a letto. Da soli, per giunta, visto che ambedue erano temporaneamente privi di compagnia femminile. Si separarono poco dopo la mezzanotte ripromettendosi di rimanere in stretto contatto.

Sir Basil Foster arrivò all'aeroporto di Tessera verso le undici del mattino e fu condotto direttamente al motoscafo per la visita al luogo dello scavo in compagnia di Michael Liddel-Scott. A una cinquantina di metri dal pontone di attracco gli ospiti vennero trasbordati su una barca a remi a fondo completamente piatto a causa del fondale molto basso in quel punto e quindi fatti salire sulla piattaforma delle idrovore da dove si poteva godere di una visione panoramica dell'intero sito. Il grande scafo era ora completamente libero dal fango ed era mantenuto umido in continuazione da una serie di nebulizzatori. I teli di protezione erano stati rimossi cosicché la complessa struttura dell'imbarcazione appariva in tutta la sua imponenza.

«Sembra lo scheletro di un cetaceo gigantesco» commentò entusiasta Sir Basil a quella vista. «Davvero impressionante. Ottimo lavoro, signori, ottimo lavoro. Complimenti.»

Alberto Fossa si avvicinò premuroso: «Se desidera scendere sul campo di scavo, Sir Basil, abbiamo qua gli stivali di gomma».

«Non mi sembra il caso,» interloquì Liddel-Scott «da qui si vede tutto quello che è importante vedere e...»

«Ma certo,» lo interruppe il gentiluomo «non chiedo di meglio.» Si tolse la giacca che Agostino Fanti fu pronto a ricevere, si infilò gli stivali da pescatore sopra i pantaloni di finissimo gabardine e scese la scala che portava sul fondo prosciugato della laguna. Marras, spenti i nebulizzatori, si era già portato vicino allo scafo e aveva preparato una passerella con delle tavole di legno che permettevano di ispezionare il perimetro completo del manufatto.

«Ecco, Sir Basil,» esordì «qui può vedere come abbiamo liberato l'interno e può rendersi conto della straordinaria abilità costruttiva di quei maestri d'ascia. Quello che vede qui è l'unico esemplare che sia mai stato scoperto e scavato risalente a questa epoca. Laggiù vede i fori praticati nella chiglia per affondare la nave e quel segno lì, sulla destra, indica il punto in cui è stato trovato lo scheletro.»

Fossa si fece avanti a sua volta: «Il dottor Masera ha già disposto le analisi presso l'Istituto Kemp per un radiocarbonio 14 e presso l'Istituto di antropologia della nostra università per rilievi antropometrici ed epidemiologici».

Basil Foster ascoltava con grande attenzione ma si vedeva bene che i suoi pensieri seguivano un altro itinerario. «E che cosa mi dite della nave? Siete riusciti a trovare qualche notizia che la riguardi?»

«No,» rispose Marras «nessuna notizia. Si trattava di una unità della marina militare il cui affondamento predisposto in queste acque ci rimane per il momento senza spiegazioni logiche. Però abbiamo fatto ugualmente una scoperta interessante...» aggiunse osservando di sottecchi l'effetto della sua affermazione sull'ospite.

«Mi dica, la prego» rispose Sir Basil.

«Vede, proprio ieri, mentre ripulivamo le ultime parti dello scafo, abbiamo scoperto un graffito inciso nel legno del paramezzale, eccolo qui, vede?»

Sir Basil si avvicinò inforcando gli occhiali e scrutando la superficie scura del legno nel punto indicato. «Non si vede granché» disse un po' deluso.

«Certo che no, manca il contrasto ma nel rilievo che abbiamo fatto si legge benissimo.»

«È troppo se le chiedo di dirmi che cosa è riuscito a leggere?»

Marras lanciò un'occhiata al pontone prima di rispondere e poté notare che Agostino Fanti era sparito con la giacca di Foster e che Liddel-Scott sembrava cercarlo camminando avanti e indietro lungo il pontone. Disse: «Si tratta di una mappa in cui è evidenziato un punto particolare della laguna o dell'isola stessa, se il nostro topografo, il dottor Masera, ha visto giusto».

«Il dottor Masera è qui?» chiese Foster.

«No, signore, è alla Fondazione Cini a preparare il convegno del pomeriggio, potrà incontrarlo là. Credo che darà notizia del ritrovamento del graffito sul paramezzale ma nulla più. Masera è molto scrupoloso: a dirle la verità, in tutta confidenza, ho visto una sua restituzione del graffito a mio avviso altamente convincente, ma lui non è soddisfatto, vuole approfondire, studiare, fare nuove ricerche prima di esprimersi con una relazione ufficiale.»

«Capisco» rispose Foster con malcelato disappunto.

«Bene, ora possiamo tornare sul pontone perché gli operai devono procedere alla ricopertura del relitto. Appena avremo terminato i nostri rilevamenti verrà nuovamente sommerso.»

«Mi scusi,» insistette Foster «ma che fretta c'è? Non

potrebbero esserci altri elementi da scoprire, per esempio attorno allo scafo?»

«È possibile, ma vede, se c'era qualcosa avrebbe dovuto trovarsi all'interno dello scafo, non certo all'esterno e siccome l'interno è stato completamente scavato è inutile cominciare uno scavo esterno che comporterebbe grandi difficoltà e, in ultima analisi, il recupero stesso del relitto e il suo integrale restauro. Senza contare che al momento non c'è nemmeno una sede per esporre un oggetto di queste proporzioni. Non so se mi spiego.»

«Perfettamente» rispose Foster.

«Allora posso dare disposizione di ricoprire con il telo prima di sera?»

Foster esitò un momento poi rispose: «Se è quello che era previsto, credo che dobbiate procedere come da programma. Tanto più che avrete concordato la cosa con Liddel-Scott».

«Abbiamo avuto qualche piccolo contrasto ma alla fine anche lui si è dichiarato d'accordo. Ora vuole seguirci alla Fondazione Cini?»

«Con piacere, dottore.»

Risalirono sul pontone, Foster si tolse gli stivali da pescatore, indossò la giacca che gli porgeva uno degli operai e ridiscese nella barca fino al motoscafo che ripartì veloce verso la città. Liddel-Scott si era seduto accanto a Foster e i due si scambiavano di tanto in tanto qualche battuta che Marras non poteva capire per via del rumore della potente imbarcazione che li portava verso l'isola di San Giorgio ma non si preoccupava più di tanto essendosi reso conto che Agostino aveva fatto il suo lavoro.

Alla Fondazione Cini tutto era pronto per il convegno e un buon numero dei partecipanti aveva già preso posto nella sala. Fuori, nel cortile, Barrese fumava l'ultima sigaretta prima di entrare e chiacchierava con Lucio. Stefano Marras si avvicinò e Lucio gli andò incontro.

«Novità?» gli chiese.

«Nessuna» rispose Marras. «Quel motoscafo faceva un tale rumore che non ho capito niente. Ma Agostino ha fatto il suo lavoro. Non so se mi spiego. Tu sei riuscito a sapere dove sono alloggiati?»

«Alla locanda Cipriani, camere 5 e 6.»

Si guardarono in faccia come se ognuno si attendesse una proposta dall'altro. Poi parlò Marras: «Se pensi che io mi intrufoli da Cipriani, entri nella camera 5 e frughi i bagagli di Foster mentre tu tieni la tua conferenza, toglitelo dalla testa: non ci penso nemmeno».

«E chi ha detto nulla... Però...»

«Che cosa?»

«È un vero peccato. Foster ripartirà domani e forse non sapremo mai che cosa conteneva quella pergamena.»

«Certo che lo sapremo, e in modo indolore... Ehi, guarda là» disse Marras. «C'è anche il tenente Savelli.»

«Naturale,» commentò Lucio «e quello è l'ispettore Loredan.» Girò intorno lo sguardo: «Poi c'è mezza facoltà di Lettere dell'università, e i direttori di quasi tutti i musei archeologici del Veneto. Ci si ritrova tutti in queste occasioni. Mi chiedo cosa penserebbero se sapessero che Foster e Liddel-Scott hanno sottratto un importante reperto di scavo. Magari qualcuno di loro ha dei sospetti, chissà».

«Inutile lambiccarsi il cervello e soprattutto non mettiamoci a fare stupidaggini come frugare di nascosto in una camera d'albergo. Come ti avevo detto Agostino ha preparato una piccola sorpresa per i nostri amici e, se tutto funziona, forse ne sapremo molto di più prima che Foster se ne torni a casa.»

«E cioè?»

«Prima di visitare la nave si è infilato gli stivali e una giacca di fatica e mentre stava con me a ispezionare il relitto, Agostino gli ha infilato una pulce nella giacca. Ecco, guarda. Vedi? Agostino mi fa cenno che è in funzione, ossia sta registrando tutto quello che si dicono Foster e Liddel-Scott.»

«Che cosa?» chiese Lucio stupefatto «hai microfonato Foster?»

«Non io, Agostino. Ha la passione dell'elettronica, non te l'ho detto?»

«Ma se ne accorgerà! Tu non ti accorgeresti di avere addosso un corpo estraneo, per quanto piccolo?»

«È stata prevista ogni cosa. In tutte le foto di Sir Basil che ho avuto l'opportunità di esaminare l'ho sempre visto portare il lutto all'occhiello della giacca. Dicono che lo porti da quando gli mancò la moglie vent'anni fa, una donna bellissima di cui era pazzamente innamorato... Ebbene, gli abbiamo semplicemente sostituito il bottone all'occhiello, uguale in tutto e per tutto, con la differenza che è un piccolo Bose hi-fi opportunamente adattato.»

Lucio guardò un istante Basil Foster con il suo lutto all'occhiello e poi Agostino Fanti non molto distante e poi di nuovo Stefano Marras che gli indicò la porta della sala conferenze concludendo: «E adesso va' a prepararti che è ora di cominciare».

«Fantastico...» mormorò Lucio allontanandosi verso la sala delle conferenze «fantastico...»

Barrese si avvicinò a Marras: «Allora? Che novità ci sono dalla vostra isola dei morti?».

Marras lo prese sottobraccio incamminandosi a sua volta verso la sala delle conferenze: «Cose grosse, caro professore: abbiamo scoperto un graffito inciso sulla chiglia del relitto e stiamo dando la caccia a qualcosa di ancora più importante, ma non mi faccia parlare: è ancora troppo presto».

Barrese lo guardò con un'espressione strana, più di sconcerto che di curiosità, e Marras ne rimase impressionato ma fece finta di nulla e lo accompagnò verso la sala dove stava per avere inizio il convegno.

Il presidente della Fondazione prese la parola per fare i saluti di rito e per dare il benvenuto all'ospite straniero, poi introdusse il primo degli oratori, l'ispettore Loredan, che illustrò le prime fasi della scoperta: le foto aeree del relitto e poi le esplorazioni subacquee con i primi rilievi. Le diapositive scorrevano sullo schermo una dopo l'altra nella noia generale finché venne il turno del dottor Michael Liddel-Scott che parlò in inglese e illustrò le varie fasi dell'intervento. Presentò un video assai più vivace, girato con tecniche documentaristiche e con ricostruzioni virtuali del relitto nel suo aspetto originario. La platea sembrò animarsi e si poté percepire qualche brusio di commenti che indicava un certo risveglio d'interesse. Quindi fu la volta di Lucio Masera che cominciò a illustrare le varie fasi dello scavo vero e proprio, lo svuotamento dello scafo, la pulizia e infine il graffito inciso sul legno del paramezzale.

«A un primo esame,» prese a dire «si direbbe che il graffito indichi un punto preciso della laguna: queste due linee hanno come punti di partenza degli elementi topografici precisi espressi da queste indicazioni in lettere. Il nostro paleografo, il dottor Agostino Fanti, è all'opera da qualche giorno per cercare di decifrarle e qualora vi riuscisse potremmo procedere a una localizzazione vera e propria, perché questi altri segni lungo le linee indicano un valore di distanza espresso in pertiche venete mentre questa figura rappresenta evidentemente un punto notevole da riferirsi a un elemento documentale che per il momento ancora ci sfugge. A nostro avviso significa che su queste direttrici, almeno a quell'epoca, era possibile navigare senza arenarsi sui bassi fondali. La mia ipotesi è che si trattasse di canali scavati appositamente sul fondo della laguna e percorribili solo da chi era in possesso di mappe speciali, probabilmente mantenute segrete per motivi di carattere militare.»

Appena la luce si riaccese la mano di Sir Basil si alzò immediatamente mentre il moderatore chiedeva: «Qualcuno ha delle domande da fare?».

«Vorrei sapere se lei può ipotizzare non tanto il senso, quanto lo scopo di quella indicazione graffita sul paramezzale della nave, se ha qualche ipotesi, qualche idea anche vaga. Voglio dire, che cosa potrebbe rappresentare quell'indicazione topografica? Forse un presidio militare? Forse il luogo di un incontro segreto?»

«Difficile risponderle, Sir Basil,» rispose Lucio «purtroppo non tutti gli elementi di questo scavo sono a nostra disposizione...» e sospese per un momento la frase per vedere se avesse provocato qualche reazione nel suo interlocutore. Poi, non avendo visto che l'espressione imperturbata di Foster, continuò: «Molte linee di ricerca sono ancora in fieri, molti pezzi mancano alla ricomposizione del puzzle, ma abbiamo buone speranze. L'unica cosa che mi auguro è che vi sia una collaborazione fra tutti i membri di questa missione in modo che i nostri sforzi possano raggiungere quegli importanti risultati che tutti ci auguriamo. Uno scavo archeologico è soprattutto un lavoro di équipe, la collaborazione stretta e costruttiva fra vari specialisti. Vi ringrazio per la vostra attenzione».

Un breve battimani salutò la fine del piccolo convegno che venne concluso da un altro intervento dell'i-

27

spettore, poi si passò al rinfresco: qualche bottiglia di Prosecco non proprio fredda, tartine salate e mandorle tostate.

Lucio si avvicinò a Barrese che aveva preso in mano la sua coppa di frizzantino e quello fece un gesto come per brindare: «Ottimo intervento» disse. «Cauto, ma ben condotto. Allora posso sapere qualcosa di più su queste misteriose parole incise all'inizio delle linee direzionali del graffito?»

«A dire la verità non siamo nemmeno sicuri che si tratti di parole, per ora sembrano abbreviazioni. Come ho detto se ne sta occupando Fanti, il nostro paleografo.»

«Credevo fosse un mago dell'informatica.»

«Anche quello. Fanti è una specie di jolly nel nostro gruppo, un'intelligenza eclettica, ma soprattutto un bravo ragazzo: ci aspettiamo molto da lui.»

«Se posso esservi utile,» disse Barrese «non fatevi scrupolo di domandare.»

«Ci puoi scommettere, appena Fanti avrà decifrato quei grovigli di lettere credo che verremo subito da te per capire che cosa significano, non abbiamo esperienza di questo tipo di documenti.»

«Quando pensate di essere in grado di presentarmi qualcosa di leggibile?»

«Fanti diceva che gli manca poco e di solito quando dice una cosa è quella.»

«Benissimo, allora vi aspetto.»

«Che impressione ti ha fatto il nostro padrone?»

«Foster? Sembra un gentiluomo.»

«Su questo non ci sono dubbi. Mi chiedo se lo sia davvero.»

«Perché, hai dei dubbi?»

«Più che dei dubbi, ma è ancora presto per esprimere un giudizio definitivo.»

Barrese gli lanciò un'occhiata come per dire "attento" e subito Lucio si accorse di avere alle spalle Basil Foster. Si era avvicinato per congedarsi: «Dottor Masera, volevo complimentarmi per la sua esposizione e per il lavoro esemplare che avete condotto su quella nave. Penso di ritirarmi in albergo: sono piuttosto stanco e domani sera dovrò ripartire».

«È stato un onore averla con noi, Sir Basil,» disse Lucio stringendogli la mano «e grazie per le sue gentili parole. Cercheremo di esserne all'altezza.» E fece un piccolo inchino con il capo, ma in realtà era per non farsi notare mentre sbirciava il bottone a lutto all'occhiello di Foster. Era in tutto e per tutto simile a un normale bottone ricoperto di raso nero e avrebbe voluto sussurrare: "Bravo, Agostino". Disse invece: «Arrivederla, Sir Basil, torni presto a trovarci, magari con altri fondi così procederemo al recupero completo del relitto e organizzeremo una spettacolare mostra aperta al pubblico».

«È quello che intendo fare, dottor Masera, è proprio quello che intendo fare. Arrivederci.»

Salutò con un cenno del capo anche Barrese e raggiunse Liddel-Scott che lo aspettava vicino al taxi. Il conducente del motoscafo mise in moto e partì lasciandosi dietro una lunga scia di schiuma.

Lucio notò Marras poco distante che parlava con Fossa e gli fece cenno di raggiungerlo: «Dov'è Agostino?» chiese.

«Sarà sul posto a momenti» rispose. «Prima di sera potremmo avere notizie interessanti.»

«Sarebbe a dire?»

«Be', Liddel-Scott è andato con Foster, e tutti e due sono diretti all'albergo e questa è la prima occasione che hanno di restare soli e parlare con comodo in un ambiente riservato da quando Foster è sceso dal suo

Falcon a Tessera. Se intende comunicargli il testo della presunta pergamena questo potrebbe essere il momento, non trovi?»

«Oh, sì, certo. Ma immagina che si limiti a passargli la trascrizione e che quello se la legga in silenzio, magari aggiungendo alla fine solo un qualche commento del genere: "Fantastico, incredibile, chi l'avrebbe mai immaginato?". Noi staremo lì a mangiarci le mani e buonanotte ai sonatori.»

«Anche questo è possibile,» sentenziò laconico Marras «ma conviene sperare.»

«Come siete rimasti d'accordo con Agostino? Che ci chiama lui o che lo chiamiamo noi?»

«Ci chiama lui alle dieci al massimo. Foster non si corica mai dopo quell'orario e quindi si presume che alle dieci i giochi saranno fatti.»

«Benissimo. E fino a quell'ora che cosa conti di fare?»

«Io me ne andrei in pizzeria al Lido: che te ne pare?»

«Perché no? Ne conosco una piuttosto buona dalle parti del palazzo della Mostra del Cinema.»

«Chiediamo a Barrese se vuole venire con noi?»

«Meglio di no. È ancora presto. Verrà il momento anche per lui.»

Salutarono i colleghi e l'ispettore, e presero un vaporetto che portava al Lido continuando a chiacchierare e a fantasticare sulle ipotesi più disparate finché non arrivarono alla pizzeria.

Non c'erano molti avventori e il pizzaiolo stava ancora attizzando il fuoco di legna dentro al forno. Lucio ordinò due birre medie alla spina e Marras pensò bene di comunicare ad Agostino dove si trovavano, in caso avesse deciso di raggiungerli.

Agostino rispose al secondo squillo. «Che cosa vuoi?» chiese.

«Niente» rispose Marras. «Soltanto dirti che siamo

alla pizzeria Da Mario al Lido, io e Lucio, in caso tu volessi raggiungerci.»

«D'accordo, ma adesso spengo perché mi sto avvicinando e non voglio fare casino. Vi chiamo io quando ho finito.»

Marras si rivolse a Lucio: «Tutto a posto. Agostino è in posizione e se tutto va bene fra un paio d'ore al massimo ci chiamerà e sapremo se le cose sono andate a modo nostro».

«Facciamo l'ipotesi» disse Lucio «che Agostino non cavi un ragno dal buco. Lo lasciamo andare via così?»

Lucio restò per qualche tempo in silenzio, poi disse: «Tu che faresti?».

«Avvertirei Savelli.»

«Sì, forse è giusto, ma non credo che risolverebbe granché. Come già si è detto non abbiamo in mano niente. Savelli riceverebbe solo una reazione indignata e risentita da Foster e se ne andrebbe con le pive nel sacco.»

«Ma potrebbe rivolgersi ai suoi colleghi dell'Interpol perché lo tengano d'occhio e sotto tiro. Di più non possiamo fare. Ma questo mi sembra che dobbiamo farlo in ogni caso.»

«Sì, lo credo anch'io» rispose Lucio. «Ma intanto aspettiamo che Agostino si faccia vivo, poi decideremo.»

Il cameriere passò a prendere l'ordinazione e servì poco dopo una margherita e una quattro stagioni. Quando cominciarono a mangiare mancava circa un quarto alle nove.

Alle dieci cominciò ad alzarsi una certa foschia che velava i contorni delle cose e la superficie della laguna. Stefano Marras e Lucio avevano finito di mangiare e prendevano un caffè aspettando da un istante all'altro il trillo del cellulare che annunciasse la missione com-

31

piuta ma i minuti passavano e non succedeva nulla. Il locale era quasi pieno, continuava a entrare gente e il cameriere cominciò a guardarli storto.

«Vuole dire se ci leviamo dai piedi,» disse Marras «così liberiamo il tavolo.»

«Però se arriva Agostino...»

«Abbiamo il cellulare, no? Gli diciamo di raggiungerci in un altro bar. Dai, paghiamo e andiamocene.»

Lucio passò dalla cassa, pagò senza lasciare alcuna mancia e si diresse verso l'uscita. Nello stesso istante Marras notò con la coda dell'occhio che stava arrivando Milena, l'ex ragazza di Lucio, assieme al suo nuovo amore, un palestrato con i capelli pieni di gel e le basette a lama di pugnale in jeans e T-shirt nera da buttafuori, e si mise di traverso facendo il possibile perché lui non la vedesse ma ormai era troppo tardi. Lucio voltò le spalle al cassiere e si trovò di fronte la coppia: lei, strizzata in un paio di jeans di Prada, con scarpe da jogging in tinta e zainetto di pelle, che cinguettava con quel suo ingombrante accompagnatore. Dalla sua espressione fu chiaro che quella vista aveva precipitato Lucio nella più nera depressione e gli aveva fatto scordare tutto quello per cui si trovavano in quel luogo e per cui aspettavano spasmodicamente che Agostino si decidesse a chiamare. Si vedeva altrettanto chiaramente che avrebbe voluto fare a pezzi il suo rivale, che si rendeva conto nello stesso tempo di non averne la benché minima possibilità e che la consapevolezza della sua impotenza lo faceva sentire un verme, una larva. Marras lo strattonò via prima che si mettesse a urlare o a fare altre stupidaggini e tirò un sospiro di sollievo quando si trovarono fuori all'aperto nell'aria fresca della notte.

«Maledetto figlio di puttana, pezzo di merda, palestrato del cazzo...» cominciò a imprecare Lucio.

«Lascia perdere» lo fermò Marras. «Una che si mette con uno scimmione del genere non ti merita. Non era adatta per te, credimi. E adesso cerchiamo di fare mente locale se non ti spiace. Sono già le dieci e venti e Agostino non si è ancora fatto vivo. Io direi di chiamarlo.»

Lucio annuì e formò subito il numero. Uno squillo e poi la voce registrata annunciò: «Omnitel, messaggio gratuito: il cliente da lei chiamato non è al momento raggiungibile. Riprovi più tardi».

«Vaffanculo! Lo sapevo» imprecò.

«Cos'è, non prende?»

«Dice che è spento.»

«Questo è possibile. Metti che lui sia in qualche situazione in cui non può fare rumore, è più che naturale che abbia spento l'apparecchio. Aspettiamo ancora.»

«Sì, però andiamo via di qui. Non vorrei che Milena pensasse che sto qui fuori a sospirare per lei.»

Si incamminarono in direzione del Gran Viale, ancora piuttosto trafficato, e poi presero di nuovo una traversa fino a trovarsi dall'altra parte dell'isola, vicino alla spiaggia. Si sedettero su una panchina, tutti e due piuttosto nervosi.

Marras tirò fuori dal taschino la scatola dei mezzi toscani, se ne infilò uno in bocca e ne offrì un altro all'amico: «Fuma che ti fa bene. Ti rilassa».

Lucio prese il mezzo toscano, lo accese ed emise una nuvola di fumo azzurrognolo.

«Io non mi preoccuperei» disse Marras. «Agostino è uno che se la sa cavare in tutte le situazioni e poi non si sarebbe mai cacciato nei guai.»

«Sarà, ma a questo punto tu spiegami perché non si è ancora fatto vivo.»

«È inutile lambiccarsi il cervello. Aspettiamo ancora

un po' e poi ce ne andiamo a casa. Vedrai che domani darà un colpo di telefono e ci racconterà tutto per filo e per segno.» Passò un gruppo di ragazzi un po' bevuti che schiamazzavano e poi un vecchio che portava a spasso il cane.

«L'hai detta tutta al convegno quando hai parlato del graffito o ti sei tenuto qualcosa che io non so?» chiese Marras distrattamente, come se stesse osservando il cane.

«Niente di preciso ancora, ma mi sono fatto un'idea, forse anche più che un'idea...»

«Per esempio?»

«Diciamo di ragionare ad alta voce: circa sette secoli fa una nave della Serenissima, ancora in perfette condizioni, naviga fino a ridosso di un isolotto lagunare usato come luogo di sepoltura degli appestati, e viene affondata. Ma prima che l'operazione sia condotta a termine qualcuno incide sul paramezzale una serie di riferimenti che sembrano indicare un luogo preciso da qualche parte nella laguna o, forse, più verosimilmente, nell'isola stessa. Secondo te chi è stato e per quale motivo? In altri termini il graffito è stato inciso dagli stessi che hanno affondato la nave o da qualcun altro?»

«Così a occhio propenderei per la prima ipotesi. Qualcuno ha voluto lasciare una traccia di ciò che si voleva nascondere affondando la nave.»

«Sì, posso essere d'accordo. E poi?»

«Ciò che si voleva nascondere era qualcosa di così terribile o così importante che si è scelto un cimitero di appestati come ultima dimora di quel segreto. Alla paura dei cimiteri si è voluta associare la paura della peste.»

«Volevano andare sul sicuro.»

«Già.»

«E la pergamena?»

«Altro rebus. Per il momento. Tutto dipende da quello che c'è scritto. Potrebbe anche essere soltanto un libro mastro dell'ultimo carico, o una copia del regolamento, o l'elenco dei membri dell'equipaggio.»

«Sai bene che non è vero. Foster non avrebbe tenuta segreta tutta la faccenda.»

«Oh, sì, invece. Gli conviene. Che figura ci fa se si viene a sapere che lo sponsor ufficiale di tutta l'impresa ha sottratto un reperto da uno scavo ufficiale dell'Ispettorato all'archeologia?»

«Dimenticavo. Di questo abbiamo già parlato.»

«Comunque, se il testo fosse, diciamo, privo di interesse reale, Foster avrebbe trovato sicuramente la maniera di reintrodurlo, con qualche espediente, nel circuito regolare della documentazione e oggi quel testo sarebbe stato oggetto di una esposizione pubblica...»

Squillò il cellulare di Marras: «Pronto» disse.

«È lui?» chiese Lucio.

Marras fece cenno di no e ascoltò per un poco premendo il telefonino contro l'orecchio poi disse: «Dove sei?... Ho capito, veniamo subito».

«Allora?» chiese Lucio.

«È Alberto: hanno trovato Agostino.»

«E dov'è?»

«L'hanno trovato in acqua, mezzo annegato. È in rianimazione all'ospedale.»

«Oh, Cristo!»

«Al Fatebenefratelli. Dai, muoviamoci: andiamo a vedere che cosa è successo veramente.»

Corsero all'imbarcadero e aspettarono il primo vaporetto che li portasse verso le Fondamente Nuove ma ci volle un po' di tempo perché l'ora era tarda e le corse si erano diradate. Nel frattempo tentavano di immaginare come fossero andate le cose. Provarono a richiamare Fossa ma il cellulare adesso era spento, o forse aveva esaurito le batterie. Quando finalmente attraccò il primo vaporetto, erano quasi le undici e ci volle ancora più di mezz'ora per raggiungere la fermata dell'ospedale. Alberto Fossa era in sala d'aspetto.

«Ecco perché non rispondeva» disse Marras. «È proibito tenere accesi i cellulari in ospedale.»

Quando li vide Fossa si alzò e venne loro incontro: «Mi ha avvertito Savelli,» disse «appena si è reso conto che il poveraccio mezzo annegato era Agostino».

«E la famiglia è stata avvertita?» domandò Lucio.

«Abbiamo pensato bene di non farlo. Agostino ha solo la madre che è molto anziana e soffre di cuore. Meglio andare di persona, domani, appena possibile. Vado io oppure uno di voi, come volete.»

«Savelli dov'è?» domandò Marras.

«Di sopra con un appuntato. Stanno stendendo un verbale.»

«Ma dove l'hanno trovato?» chiese Lucio.

«È stato un miracolo. L'ha visto il conducente di un taxi che andava da Cipriani a prendere dei clienti. Lo ha issato a bordo e poi ha telefonato all'albergo che non poteva arrivare e che chiamassero un altro mezzo. Gli ha fatto sputare l'acqua, gli ha praticato un massaggio cardiaco, poi è filato dritto all'ospedale appena in tempo perché potessero rianimarlo. Ancora un po' e ci lasciava la pelle.»

Marras e Lucio si scambiarono un'occhiata come per dire: "Lo mettiamo al corrente?".

«Che cosa diavolo sta succedendo?» chiese Fossa accorgendosi di quel gesto. «Che ci faceva Agostino a mollo nella laguna a quell'ora? C'è qualcosa che non so e che dovrei sapere?»

Marras sospirò e si accinse a parlare anche perché

aveva più voglia lui di confidarsi che Fossa di essere messo al corrente.

«Però... acqua in bocca, mi raccomando.»

Lucio si strinse nelle spalle parendogli, quella di Marras, un'espressione infelice, date le circostanze.

«Allora,» cominciò Stefano «l'altro giorno negli spogliatoi ho captato senza volere... be', diciamo piuttosto per caso, una conversazione telefonica molto interessante fra Liddel-Scott e un interlocutore che si è poi rivelato essere Sir Basil Foster, dalla quale è parso chiaro che il primo aveva sottratto dallo scavo un reperto probabilmente di grande valore.»

Fossa scosse il capo incredulo: «Non so perché, ma io non mi sono mai fidato di quello spocchioso individuo: sembra sempre che abbia ingoiato un manico di scopa. Vai avanti».

Stefano riprese a raccontare tutta la vicenda per filo e per segno, interrotto di tanto in tanto dall'amico che diceva, risentito: «Avreste anche potuto dirmelo, porca miseria, avreste anche potuto mettermi al corrente, accidenti a voi».

Ma la storia era ancora a metà quando apparve il tenente Savelli che scendeva dalle scale tenendo in mano i guanti di pelle nera. Lo seguiva l'appuntato Zulian con in mano una cartella.

«Allora?» chiesero i tre quasi all'unisono andandogli incontro.

«Un pezzo di convegno che si è trasferito in ospedale, vedo» rispose Savelli. «Il dottor Fanti adesso sta meglio ma l'ha scampata per il rotto della cuffia. Gli hanno praticato una lavanda gastrica perché rischiava lo shock anafilattico con tutte le porcherie che galleggiano in laguna.»

«Si può fargli visita?»

«Non credo. Deve riposare.»

«Ma tu gli hai parlato?» domandò Lucio con un certo tono di apprensione nella voce.

«Un poco. Ma è talmente sfinito che non riesce nemmeno a spiccicare parola Non ho insistito. Tornerò domani quando starà meglio e sarà più riposato. E se volete un consiglio andatevene a letto anche voi. Qui non c'è più niente di utile da fare.»

«Sì,» rispose Lucio «lo penso anch'io. Solo vorremmo parlare con il medico di guardia prima di andare. Ci vediamo in giro, tenente.»

«Magari nel mio ufficio» rispose Savelli. Si calcò il berretto in testa, si infilò i guanti e raggiunse il motoscafo dell'Arma seguito dall'appuntato Zulian. Il rumore del motore si perse poco dopo in lontananza.

«Cosa avrà voluto dire?» chiese Fossa.

«Mah...» rispose Lucio «forse ha subodorato qualcosa. Non capita tutti i giorni di vedere un tecnico dell'Ispettorato all'archeologia galleggiare sulla laguna a pancia in giù. Magari pensa che noi sappiamo qualcosa in più di quello che lasciamo intendere. Il che, in fin dei conti, è la pura verità.»

«E adesso che si fa?» chiese Marras.

«Andiamo su dal dottore di guardia» propose Lucio. «Possiamo spacciarci per suoi familiari. È quasi la verità.»

Tutti annuirono e i tre entrarono nell'ascensore salendo fino al terzo piano. La corsia era immersa nel silenzio, le porte delle camere di degenza erano tutte chiuse. Nel corridoio le luci da notte diffondevano un leggero alone sui muri bianchi e sui pavimenti di linoleum. L'unico ambiente illuminato era la guardiola per il turno di notte.

I tre si affacciarono guardando all'interno. C'era un tavolo con una sedia e un abat-jour acceso, sul muro laterale un fornello a gas a tre fuochi con sopra una piccola moka e sul fondo una parete di plastica con una porticina di laminato. Marras disse: «È permesso? C'è nessuno?». Si sentì un leggero trambusto dall'altra parte e dopo un po' apparve un'infermiera, formosetta, che aveva l'aria di essersi appena ricomposta.

«Che cosa volete?» chiese con mala grazia. «Non è orario di visite, chi vi ha fatto salire?»

«Il tenente Savelli» rispose Lucio con improntitudine. «Siamo collaboratori del nucleo tutela patrimonio archeologico» e mostrò con rapidissimo gesto il tesserino del suo club calcistico infilandolo subito dopo nel taschino. «Il dottor Fanti» proseguì «è un nostro collega e ha le chiavi del laboratorio scientifico. Abbiamo un importante adempimento tecnico da completare e consegnare per domani sera e senza chiave, lei capisce... E visto che siamo qui avremmo voluto anche fare due parole con il medico di guardia. Sa, il dottor Fanti è un nostro intimo amico.»

La ragazza finì di rassettarsi tirandosi su qualche ciocca di capelli sulla nuca, appiattiti da una recente posizione supina e disse: «Il dottore è occupato in questo momento. Intanto vi porto dal paziente. Però dovrebbe entrare una persona sola. È molto stanco e provato e sotto sedativi».

«Ma è vigile?» chiese Marras.

«Vigile ma sedato. Può anche darsi che stia dormendo in questo momento, anzi, certamente.»

Si avviò davanti a loro e Lucio non mancò di far notare ai compagni che sotto il camice non aveva le mutande.

«Bella scoperta» disse Marras senza spingersi a ulteriori commenti.

L'infermiera aprì la porta. Marras e Fossa si fecero da parte e lasciarono entrare Lucio. L'infermiera ripeté: «Mi raccomando... solo due minuti» e tornò indietro lungo il corridoio in direzione della guardiola con la sollecitudine di chi deve andare a terminare un lavoro lasciato in sospeso.

Lucio entrò in punta di piedi e si guardò intorno: c'era solo la spia luminosa notturna nella camera a due letti e Agostino giaceva in quello di sinistra vicino alla porta mentre l'altro alla sua destra era vuoto. Si sentiva il suo respiro regolare e in lontananza di tanto in tanto la sirena di un mercantile che entrava a Porto Marghera. Lucio si avvicinò bisbigliando: «Agostino... Agostino... sono io... mi senti?».

«Certo che ti sento,» rispose Agostino come se niente fosse «non sono mica morto.»

«Ah. Mi avevano detto che eri sedato.»

«Un po' di Valium, ecco tutto.» Agostino accese la luce sul comodino e Lucio poté vederlo bene in faccia: aveva una vasta ecchimosi sul lato destro della fronte, l'occhio destro gonfio e semichiuso e delle abrasioni sul braccio destro fino al gomito. «Cristo! Che cosa ti hanno combinato!»

Nello stesso istante entrarono anche Marras e Fossa: «Ehi, Agostino» lo salutarono vedendolo ben sveglio e con la luce accesa.

«Possiamo parlare tranquillamente,» disse Fossa «l'infermiera è di nuovo occupata con il suo paziente.»

«Beato lui» commentò Lucio. «Mi dannerei l'anima per essere al posto suo. Allora, vuoi dirci che accidenti è successo? Ci hai fatto prendere uno spavento...»

«Be', non c'è molto da dire, mi ero piazzato dalle parti della locanda Cipriani con la mia attrezzatura, niente di ingombrante, stava tutto dentro una valigetta che portavo a tracolla: ricevitore, registratore... e già cominciavo a registrare quando ho sentito delle interferenze e mi sono dovuto avvicinare. Sono sceso a terra dalla parte ovest ma, proprio mentre scendevo, il cavo che collegava le cuffie al registratore s'è impigliato nello scalmo della mia barca e le cuffie mi sono cadute in acqua.»

«Bel colpo» commentò Marras.

«Dici bene» riprese Agostino. «Era buio pesto da quella parte: con una mano tenevo stretta la borsa perché non sbattesse, con l'altra cercavo di aggrapparmi al parapetto per l'attracco.»

«Continua» disse Lucio.

«A quel punto, senza cuffia com'ero, cercavo di regolarmi con gli indicatori di livello. Vedevo che registrava e mi spostavo cercando il segnale migliore.»

«Ma non hai fatto in tempo a udire nemmeno uno straccio di conversazione prima di perdere le cuffie?»

«Be', sì, qualcosa sì, ma...»

«Ma?»

«Il mio inglese non è un granché... Mi è parso che dicesse...»

Tutti e tre i compagni pendevano dalle labbra di Agostino che cercava di spiccicare qualche parola nella lingua di Albione ma i risultati furono così miserevoli che non valse nemmeno la pena di farglieli ripetere.

«Insomma,» disse Agostino «io contavo di farvi sbobinare il nastro e poi di tradurlo con comodo, no?»

«Giusto,» ribatté Fossa «e allora dov'è questo nastro?»

«Una cosa alla volta» rispose Agostino. «Allora, mentre ero lì intento a osservare i miei indicatori di livello ho sentito un rumore di passi, mi sono girato e ho visto due tizi che venivano nella mia direzione a passo svelto e con un'aria che non mi piaceva per niente. Ho capito subito che intenzioni avevano: ho fatto uscire la cassetta prima che mi prendessero il registratore e l'ho gettata via. Poi loro l'hanno afferrato per la cinghia e hanno cominciato a strattonare. Io ho cercato di difendermi ma ho sentito una botta e poi male al braccio, o alla testa, non ricordo bene. E poi una sensazione di soffocamento...»

«Va bene, Agostino, va bene» disse Lucio. «Stai calmo. Non ti sforzare.»

Marras si sporse all'indietro per dare un'occhiata nel corridoio ma era tutto tranquillo e silenzioso. Poi si fece avanti a sua volta: «Stammi a sentire, Agostino: abbiamo soltanto bisogno di un'informazione, se ti è possibile, e poi ti lasciamo dormire in pace: ricordi dove hai gettato la cassetta? Voglio dire, in che direzione? Potremmo cercare di recuperarla, capisci?».

Agostino sospirò, poi cercò di concentrarsi vincendo il torpore indotto dalla generosa dose di Valium che gli era stata somministrata.

«Ci sono due vasi di oleandri vicino alla parete: la cassetta l'ho gettata in quella direzione. Insomma, volevo centrare uno dei vasi, ma non so se ci sono riuscito. E dopo è successo un tale casino...»

«Va bene,» disse Lucio «non ti agitare. Adesso riposa e cerca di riprenderti. Torniamo a trovarti domani. Se ti serve qualcosa non fare complimenti: della frutta, dei biscotti, non so.»

«Della frutta va bene, grazie.»

«Allora noi andiamo» disse Lucio. «Buonanotte.»

«Buonanotte, ragazzi» rispose Agostino. «Se per caso volete tornare laggiù stateci attenti: è facile finire in laguna e potreste buscarvi un raffreddore.»

«Ci staremo attenti» disse Lucio. «Dormi adesso.»

Scivolarono fuori uno dopo l'altro e tornarono verso la guardiola.

«Che facciamo?» disse Fossa. «Aspettiamo il medico di guardia per chiedergli come sta Agostino?»

«A me non sembra una buona idea» rispose Lucio.

«Agostino scoppia di salute e il medico sta giocando al dottore con l'infermiera, secondo me. Lasciamolo in santa pace.»

Raggiunsero l'ascensore e si ritrovarono in strada pochi minuti dopo.

«Io vado alla locanda Cipriani» disse ancora Lucio. «Se non recuperiamo il nastro adesso, mi sa che non lo rivediamo mai più.»

«Vengo con te» soggiunse Marras.

«Anch'io» gli fece eco Fossa. Il quale aveva la barca dell'Ispettorato ed era quindi un uomo chiave in quel tipo di situazione. In pochi minuti raggiunsero l'imbarcadero e misero in moto prendendo il largo. Le Fondamente Nuove si allontanarono rapidamente alle loro spalle e qualche minuto dopo non si vedeva altro che il riflesso dei lampioni sull'acqua nera. Il tempo rinfrescava e il cielo andava coprendosi di grossi cumuli rischiarati in lontananza dall'improvviso palpitare dei lampi.

«Ci mancherebbe anche che si mettesse a piovere» disse Marras aggiungendo in sardo un'imprecazione che aveva il sapore di un oscuro anatema.

«Meglio invece,» ribatté Lucio «con il brutto tempo nessuno ha voglia di andarsene in giro e noi possiamo agire indisturbati.»

«Come no,» commentò Fossa «e se ci arriva addosso una botta di bora scura stiamo freschi, questa ciabatta andrebbe in briciole.»

«Allora smettila di mugugnare e tiraci dentro» lo esortò Marras.

Fossa aprì la manopola del gas e la piccola imbarcazione affondò la poppa nell'acqua alzando la prua sopra la cresta delle onde. Bianchi baffi di spuma facevano ala al passaggio della barca che cominciò a rimbalzare sulle onde sempre più alte. Apparve alla fine l'isola di Torcello e poi l'imboccatura del piccolo canale che portava verso la locanda Cipriani. Fossa mise il motore al minimo e avanzò lentamente verso la sua destinazione. Non c'era quasi più anima viva in giro e si distinguevano solo le poche luci dei locali pubblici.

«Piove, porca miseria» imprecò Marras osservando i piccoli cerchi concentrici che le prime gocce di pioggia producevano cadendo sulla superficie dell'acqua.

«Si dovrebbe dire "governo ladro"» lo corresse Lucio.

«È che tu la devi sempre buttare in politica» ribatté Marras.

Non aveva finito di parlare che un lampo balenò nel ventre di un nembo enorme, facendone risaltare gli orli bluastri, seguito da un tuono fragoroso. La pioggia, quasi d'improvviso, si tramutò in un rovescio battente e i tre indossarono in fretta e furia le giacche a vento stivate assieme a una muta e ad altre attrezzature nel gavone di prua e si tirarono sulla testa i cappucci.

Passarono davanti alla locanda Il trono di Attila, si infilarono a stento fra i ponteggi di restauro del primo ponticello e spensero il motore proseguendo con l'ultima spinta, per forza d'inerzia. La locanda Cipriani era davanti a loro a poca distanza, e attraverso la vetrata d'ingresso si potevano distinguere i movimenti solerti del concierge che allungava a un cliente tardivo la chiave della camera.

«Di là,» disse Lucio indicando un punto alla sua destra «secondo me sono quelli là i vasi di oleandri di cui parlava Agostino.»

«Hai una torcia elettrica?» chiese Marras a Fossa.

«Si capisce che ce l'ho» rispose l'interpellato frugando nel gavone.

«Allora accostiamo e cominciamo a cercare» disse Lucio. «Però questa volta non voglio sorprese.» Si rivolse a Marras: «Tu, Stefano, piazzati subito dietro l'angolo e stai attento che non arrivi nessuno. Alberto intanto si terrà pronto con la mano sulla chiave di avviamento. Al primo accenno di casino, saltiamo in barca e ce ne andiamo a tutta canna. Avete capito bene? Tenete presente che sia Foster che Liddel-Scott sono ancora qui dentro e forse anche gli scagnozzi che hanno buttato a mare il povero Agostino, figli di puttana».

I due annuirono e Marras andò a piazzarsi dietro l'angolo. Lucio accese la torcia e cominciò a scandagliare il terreno con il piccolo raggio luminoso intorno ai vasi di oleandro.

«Vedi qualcosa?» chiese Fossa ansioso.

«Non vedo un accidente: mi va l'acqua negli occhi ed è tutto un luccichio» rispose Lucio sempre con il naso in terra.

«Eppure dev'essere da quella parte. Prova a guardare dietro ai vasi.»

«E se quelli avessero notato il gesto di Agostino e avessero preso il nastro?» ipotizzò Fossa dalla barca. Un lampo ne illuminò la figura infagottata e un tuono sovrastò subito dopo la sua voce. Lucio non gli badò nemmeno e continuò nella sua ricerca.

«Io direi di andare» azzardò di nuovo Fossa. «Se non c'è, non c'è. Il tempo sta peggiorando ulteriormente e non so se ce la facciamo a tornare indietro. Qui gli alberghi sono cari arrabbiati e io...»

«Cristo, Alberto, vuoi stare zitto, per piacere?» lo rimbrottò Lucio, ancora più nervoso per l'esito evidentemente infruttuoso delle sue ricerche. Diresse ancora il raggio all'interno dei vasi ma nemmeno lì c'era nulla. Fu per tornare sui suoi passi verso la barca quando l'occhio gli cadde su una griglia di scolo. «Vuoi vedere che è finito là dentro?»

«Là dentro dove?» chiese Fossa sempre più impaziente.

«C'è una griglia di scolo qui. Ma ho bisogno di qualcuno che mi regga la torcia. Su, muoviti, vieni qui. Stefano deve restare di guardia.»

Fossa abbandonò mugugnando la barca, si avvicinò e prese la torcia elettrica illuminando la griglia. Lucio si inginocchiò, estrasse di tasca il coltello svizzero e fece leva con il cacciavite a lama tutto attorno al bordo finché riuscì a sollevarla da una parte. Fossa diresse prontamente il raggio luminoso sul fondo della buchetta.

«Per caso non abbiamo guanti di lattice a bordo, vero? Questa mi sa che raccoglie direttamente dai cessi dell'albergo.»

«Spiacente,» rispose Fossa «li abbiamo finiti oggi e non ho avuto tempo di ricomprarli.»

Lucio sospirò, si rimboccò una manica e l'immerse nel liquido scuro che riempiva la buchetta di scolo.

«Sono fortunato,» disse «raccoglie anche le acque di gronda e la pioggia vien giù piuttosto bene.»

«Be', se è per quello, precisò Fossa, la pioggia è la pipì di Zeus, secondo gli antichi. Sempre nei liquami stai.»

Lucio non badò alle citazioni mitologiche dell'amico e cominciò a frugare sul fondo accuratamente, finché un'espressione di trionfo gli s'impresse sul volto: «Trovata!» esultò. E mostrò la cassetta ai compagni.

«Magnifico» disse Fossa. «Allora leviamoci da qui prima che il tempo si faccia proibitivo.»

Rimontarono in barca in fretta e furia e ripartirono ripercorrendo a ritroso il canale verso la laguna aperta. Il vento era diminuito d'intensità ma il temporale non accennava a calmarsi e cominciavano a cadere piccoli chicchi di grandine che foravano la faccia come minuscoli proiettili. I tre abbassarono il capo e si tirarono i cappucci fin quasi sul naso. Stavano uscendo dal canale quando incrociarono una lancia dei carabinieri che veniva avanti al minimo e seguendola con lo sguardo si resero conto che andava verso la locanda Cipriani.

«Mi è parso di vedere Savelli in plancia» osservò Marras.

«Niente di più facile,» rispose Lucio «dopo tutto, la storia di Agostino potrebbe configurarsi come un tentato omicidio.»

«Ma non aveva detto che ci sarebbe tornato domani da Agostino?» osservò Fossa.

«Se è per questo è già domani» ribatté Lucio. «È l'una passata. Comunque Savelli può aver avuto un sospetto. Ha fatto due più due e ha deciso di venire a dare un'occhiata da queste parti. Noi, a ogni buon conto, abbiamo già ottenuto il nostro scopo e ce ne andiamo belli come il sole... si fa per dire.»

«A meno che non sia una cassetta di Al Bano o dei Pink Floyd» disse Marras cui piaceva fare il menagramo.

«Ah, piantala» lo zittì Fossa. «Non ci voglio nemmeno pensare, dopo tutta la fatica che abbiamo fatto.» A quel punto erano ormai fuori dal canale e Fossa aprì il gas prendendo velocità.

Quando Dio volle approdarono finalmente al ponte dell'Accademia, legarono la barca a un ormeggio e salirono tutti e tre in casa di Lucio.

Il padrone di casa consegnò un asciugamano a ciascuno, poi quando tutti si furono asciugati, trasse di tasca l'audiocassetta e l'appoggiò con gesto misurato al centro del tavolo sottoponendola all'attenzione di tutti. Nessuno la toccò e nessuno disse nulla finché non arrivò un tè bollente a riscaldare un poco gli animi.

«Ma non si sarà rovinata?» chiese Fossa.

«Speriamo di no» rispose Marras. «Non dovrebbe. Adesso però si tratta di smontarla per darle una bella pulita prima di ascoltarla.» Si fece dare un cacciavite a stella, smontò la parte superiore della cassetta e mise il nastro sotto il rubinetto facendovi scorrere sopra un abbondante flusso d'acqua. Poi l'asciugò con l'aria calda di un asciugacapelli. Erano quasi le due del mattino quando la cassetta, pulita e rimontata, era pronta per l'ascolto. Lucio la infilò nello stereo di casa e in un'atmosfera di religioso silenzio premette il tasto PLAY. Si udì un breve ronzio, poi cominciò la voce di Sir Basil che conversava con Liddel-Scott.

«Sono loro!» esclamò Marras. «Fantastico, li abbiamo in pugno.»

«Aspetta a cantare vittoria» lo raffreddò Fossa. «Adesso si tratta di capire cosa dicono e non sarà uno scherzo, secondo me.»

Lucio che aveva trascorso un paio di anni all'università di Birmingham prendeva appunti e Marras gli si era piazzato dietro le spalle per sbirciare. Foster e Liddel-Scott cominciarono a parlare del convegno, della scoperta del graffito e del significato che avrebbe potuto avere. Seguivano frasi piuttosto disturbate in cui si capiva in generale che i due stavano parlando dell'ipotesi topografica di Masera. Poi, a un certo punto, cambiarono argomento occupandosi della pergamena. L'attenzione di tutti si fece spasmodica, specialmente quella di Lucio che era il più ferrato in inglese. Finalmente! Quell'indagine raffazzonata di un gruppo di assoluti dilettanti stava per avvicinarsi al mistero, se non alla sua soluzione. Nel medesimo tempo Marras osservava con apprensione la bobina del nastro rimanente farsi sempre più ridotta. Incredibilmente Agostino aveva usato una cassetta di soli venti minuti di durata!

A quel punto si udì la voce di Sir Basil annunciare con una certa enfasi: «*And this is what it says...* Ed ecco quello che dice...».

Lucio era pronto con carta e penna per tentare una trascrizione ma ciò che udì sembrava assolutamente incomprensibile. Fermò il nastro pigiando nervosamente sul tasto dello STOP: «Ma questa che cazzo di lingua è?» imprecò. Riavvolse e premette di nuovo PLAY lasciando scorrere questa volta il nastro fino alla fine. Ma le parole restavano incomprensibili, esattamente come prima.

«Il nastro si è rovinato» concluse Fossa sconsolatamente.

«Ma no» ribatté Marras. «La qualità dell'audio è uguale come quando parla inglese, è solo che noi non riusciamo a capire.»

«È un po' come succede con l'etrusco,» precisò Fossa «si legge ma non si capisce.»

«Lo so io perché» li interruppe Lucio. «Se Foster sta leggendo il testo della pergamena allora con ogni probabilità si tratta di veneziano del Trecento pronunciato con accento britannico. Non ce la faremo mai anche se lo ascoltassimo cento volte. Secondo me, mentre lui leggeva ad alta voce, aveva consegnato a Liddel-Scott una copia cartacea con la trascrizione sicché poteva seguire sullo scritto mentre il suo capo leggeva.»

«Hai ragione» ammise Marras. «È la spiegazione più logica. Sentite, lasciamo perdere, non ce la faremo mai. Per me è come se fosse cinese, o turco.»

«Anche per me» disse Fossa.

«Un momento» replicò Lucio. «C'è ancora una speranza.»

«E sarebbe?» chiese Fossa.

«Barrese. Rocco Barrese. È un genio filologico, un mostro linguistico, il suo cervello contiene decine di vocabolari con tutte le concordanze e le interconnessioni. Barrese può distinguere una parola di calabrese all'interno di una battuta in siciliano, conosce ogni sfumatura dialettale e ha l'orecchio più allenato che si possa immaginare. Io gli telefono.»

«Sei pazzo, sono le due e quaranta» disse Marras lanciando un'occhiata al suo subacqueo.

«Mi manderà al diavolo» ribatté Lucio. E senza por tempo in mezzo sollevò il ricevitore e formò il numero dell'insigne cattedratico. Il telefono squillò a lungo poi una voce assonnata e irritata al tempo stesso strillò: «Ma chi è a quest'ora?».

«Sono io, Barrese, sono Lucio Masera. Scusami...»

«Ah, sei tu. No, figurati. È che di solito non ricevo telefonate a quest'ora di notte. Che c'è? Hai un problema ermeneutico?»

«Come hai fatto a indovinarlo?»

«Lo sapevo. Non potevi buttare giù dal letto un genio come me se non per un problema del genere. Sputa il rospo.»

Lucio raccontò la storia del nastro ma senza andare troppo in fondo alla faccenda che c'era alle spalle.

«Non sarà uno scherzo» disse alla fine Barrese. «Ma ci posso provare. Vieni domani verso le due.»

«Purtroppo la cosa è urgente, altrimenti non ti avrei svegliato. Potrebbero esserci degli elementi tali da richiedere un'azione immediata. Adesso sarebbe troppo lungo spiegarti. Certo, se sei troppo stanco...»

«Sono troppo curioso, figlio di puttana che non sei altro. Muoviti che ti aspetto.»

«Ho degli amici con me.»

«Porta anche loro. Intanto metto su un caffè di quelli robusti. Se ho capito bene mi sa che c'è da tirare a mattina.»

«Credo che tu abbia capito benissimo» rispose Lucio. Poi, rivolto agli amici: «Andiamo, ci aspetta». Presero la cassetta e si prepararono a scendere quando uno squillo del campanello li paralizzò.

«Cristo, chi può essere a quest'ora?» disse Lucio.

«Non lo saprai mai, se non rispondi al citofono» sentenziò Marras.

«E se fossero i carabinieri?» ipotizzò Lucio, «forse è meglio che facciamo finta di niente.»

«Dai, avranno visto la luce accesa» disse Fossa. «È meglio che rispondi.»

Lucio sollevò il citofono e chiese: «Chi è?».

«Scusa» rispose una voce sommessa dall'altra parte. «Sono Milena.» Rientravo e ho visto la luce accesa... Sai, improvvisamente mi sono resa conto che è te che amo e che non potrei...»

«Oh, santo cielo!» esclamò Lucio. «E vieni a suonare il campanello a quest'ora per dirmi queste stronzate?»

«Ma c'era la luce accesa» insistette la voce dall'altra parte.

«Senti cara, tornatene dal tuo scimmione e non farti mai più vedere da queste parti. Ho altro da fare e dei tuoi pentimenti non può fregarmene di meno. Sono stato chiaro?»

«Sì, sei stato chiaro...» piagnucolò la voce dall'altra parte.

«Oh, bene» concluse Lucio riagganciando il ricevitore. «E adesso cerchiamo di muoverci.»

Fossa lo guardò stupefatto meditando fra sé su quanto fossero effimeri e transeunti i sentimenti umani.

Marras invece non poté fare a meno di intervenire parendogli un delitto mandare al diavolo quella grazia d'iddio: «Ma poverina... se è pentita...».

«Pentita un par di palle» replicò Lucio imboccando la rampa delle scale. «Io non me la riprendo una che è stata con quello scimmione palestrato. Sono un intellettuale, perdio, e voglio essere rispettato. E se volete che vi dica cosa penso delle donne in questo momento... Ebbene la penso come il poeta.»

«Sarebbe a dire?» insistette pedante Marras.

Erano già all'esterno. Lucio si fermò, alzò il dito indice e declamò con enfasi:

«Per lei assai di lieve si comprende
quanto in femmina foco d'amor dura
se l'occhio o 'l tatto»

(e mentre pronunciava la parola "tatto" fece un gesto osceno)

«spesso non l'accende.»

«Be',» insistette Marras «se non ti offendi vorrei provare a consolarla io.»

«Fa' come ti pare» fu la risposta. «Io ormai ho raggiunto la pace dello spirito, se non proprio quella dei sensi.»

Si incamminarono a piedi percorrendo le calli della città ormai quasi completamente deserta. Solo qualche bar era ancora aperto e qualche osteria con gli ultimi avventori che tiravano tardi aspettando che smettesse del tutto di piovere.

Barrese li vide arrivare dalla finestra e aprì prima che suonassero il campanello, poi si mise ad aspettarli in vestaglia sul pianerottolo finché non ebbero salito le quattro rampe di scale in punta di piedi. Li salutò uno per uno e li fece accomodare attorno al tavolo della cucina mentre il caffè borbottava nella caffettiera, spandendo il suo aroma per tutta la casa.

«Allora che cos'è tutto questo mistero?» chiese versando il liquido nero e fumante nelle tazzine.

Lucio estrasse la cassetta: «È tutto qui dentro. Hai uno stereo, spero».

«Certo che ce l'ho. Dai qua.»

Andò nel locale attiguo e mise la cassetta nell'impianto. Poi venne a sedersi. Passò la parte in inglese e poi venne quella successiva. Barrese si portò le mani alle tempie mentre gli altri lo guardavano in silenzio non osando nemmeno sorbire il caffè per non fare rumore. Alla fine Barrese alzò la testa: «È veneziano, non c'è dubbio, ma darei un dito della mano destra per poterlo leggere nell'originale».

«Non si capisce niente, non è vero?» anticipò Fossa ormai evidentemente stremato e desideroso di raggiungere un letto a qualunque costo.

«E chi lo dice?» ribatté Barrese risentito.

«Io pensavo che...»

«Tu non devi pensare. Devi bere il tuo caffè e basta. Sono io che penso qui dentro, visto che mi avete buttato giù dal letto a quest'ora barbara. Renditi utile, piuttosto, vai di là e fallo girare finché non ti dico basta.»

Fossa obbedì e andò nella camera attigua con la sua tazzina. Gli altri due bevvero il loro caffè in silenzio e se ne stettero a osservare Barrese che ascoltava e riascoltava quelle parole incomprensibili. Di tanto in tanto scarabocchiava qualcosa su un brogliaccio o sospirava. Lucio, a un certo momento, gettò un'occhiata a una vecchia sveglia che ticchettava sommessamente su una credenza e vide che segnava le tre e un quarto.

Nello stesso istante Barrese alzò il dito e disse: «Stop!».

Marras, semiaddormentato, sussultò e quasi cadde dalla sedia. Lucio, sporgendosi verso lo studio ripeté: «Ha detto stop!». E Fossa obbedì, ricongiungendosi un attimo dopo alla brigata attorno al tavolo della cucina.

«Allora io sarei pronto» annunciò Barrese. «Lo volete in veneziano trecentesco o devo tradurre in italiano?»

«Visto che ci sei,» rispose Lucio «tanto vale l'italiano, così stiamo tranquilli.»

«Sì, meglio, tanto più che è intercalato da una serie di latinismi.»

Lucio e i suoi amici si prepararono al grande evento: da una distanza di sette secoli un messaggio mezzo cancellato dalla lunga immersione nell'acqua, recuperato da una macchina avveniristica, inciso su un altro supporto caduto anch'esso nell'acqua, precisamente nell'acqua di fogna, decifrato da una mente umana superiore, veniva finalmente comunicato, svelava il suo contenuto, o almeno così tutti speravano.

«È parzialmente lacunoso, ovviamente» precisò Barrese.

«Ovviamente» risposero all'unisono tutti i presenti.

E Barrese declamò: «... lacuna...».

«Cominciamo bene» commentò sottovoce Stefano Marras.

«... *tale fu il dolore per quella perdita che ammalò gravemente... lacuna... Si lamentava e invocava la morte se non fosse stata ritrovata l'opera... breve lacuna... che già per tanti anni lo aveva sfinito...*»

Marras e Fossa si guardarono in faccia l'un l'altro come per dire: "Ci capisci qualcosa tu?" mentre Lucio sembrava completamente assorto, fuori di testa come erano soliti dire i suoi amici. Barrese continuò dopo una breve pausa: «Qui c'è una lacuna lunghissima di due o tre righe e poi riprende... *a uno che l'aveva già avuta, di nasconderlo nel corpo di un appestato...* lacuna... *presso la fondamenta del convento di Boccalama*».

Lucio sembrava quasi preso da un tremito tanto era intento a quelle parole. E Marras notò che la sua mano, quasi impercettibilmente, scivolava all'interno della cartella, ne estraeva un foglio con la copia del graffito inciso sul paramezzale della nave e l'appoggiava lentamente sul tavolo come volesse evitare anche quell'impercettibile fruscio.

Barrese sorbì ancora un goccio di caffè dal fondo della tazzina. Poi si accese una sigaretta e si rivolse ai suoi uditori: «È quasi finita,» disse «ancora un paio di righe. Spero che abbiate capito voi perché io per ora non ci capisco granché... Allora... *tornato presso il suo signore, morì...* lacuna... *sei mesi dopo giunse al figlio che grandemente se ne rallegrò. Ho scritto questa carta e inciso sul legno la posizione...* lacuna... *si possa trovare...* lacuna... *prima che il veleno...* ultima lacuna. Il testo finisce qui». Barrese appoggiò il suo brogliaccio sul tavolo e spense la sigaretta. Dal campanile di Sant'Alvise vennero quattro rintocchi cupi e poi uno più lieve e argentino. Le quattro e un quarto.

«Ecco perché Foster ci teneva tanto a sapere le tue conclusioni topografiche» disse Marras. «Quel graffito indica dove sta sepolto qualcosa di grosso e di terribile... se lo hanno nascosto dentro al corpo di un appestato, affondato la nave che ha compiuto la missione e avvelenato il capitano. Se ho ben capito.»

«Più o meno» approvò Barrese.

«Ma di che cosa si trattava? È qui che ti voglio» disse Fossa.

Tutti si volsero a Lucio che stava scarabocchiando qualcosa sul suo foglio e tirava delle linee aiutandosi con un righello che aveva prelevato dal tavolo di Barrese.

«Se Lucio riesce a localizzare il punto è presto fatto: facciamo un buco, troviamo il cadavere, o quello che ne rimane e vediamo che cosa contiene» disse Marras.

«Un tesoro?» si domandò Fossa.

«Un segreto di Stato, forse...» azzardò Barrese.

Marras scosse la testa: «Di più... di più... Non basta una simile catena di spaventose e criminali precauzioni per un banale tesoro o per un segreto di Stato, sia pure importante... Qui tutto è esagerato, direi eccessivo...».

Seguì un lungo silenzio interrotto ogni tanto da ipotesi più o meno plausibili o da pensieri in libertà.

«E se fosse...» cominciò Fossa.

«A me non sembra che stia in piedi» rispose Marras prima ancora che avesse finito.

«Ma se non mi fai parlare...» replicò l'altro, indispettito.

«Il fatto è» osservò Barrese «che dobbiamo interpretare e capire la mentalità di un individuo vissuto sette secoli fa, una psiche probabilmente squilibrata dall'ossessione della peste che ricorre a un macabro nascondiglio, per celare forse qualcosa che lo riguardava personalmente... un qualche suo incubo...»

«*Sì che m'ha fatto per più anni* macro!*» esclamò improvvisamente Lucio, interrompendo bruscamente le elucubrazioni del luminare come se lo Spirito Santo in persona gli avesse ispirato quelle parole.

«Che cos'hai detto?» domandò Barrese.

---

* «*per molti anni*» secondo altra lezione (Dante, *Par.* XXV, 3).

«Ma è evidente,» proseguì Lucio «com'è che dice? *"L'opera che già per tanti anni lo aveva sfinito."* È la parafrasi di quel verso, un verso di Dante riferito al suo poema. È quello il tesoro: è la *Divina Commedia*!»

Tutti lo guardarono allibiti e dall'espressione di ognuno si vedeva come stessero cercando di elaborare gli elementi testimoniali in loro possesso per confutare quell'enunciazione così palesemente esagerata e clamorosa. Fu Marras a rompere il silenzio: «Posso capire che a uno piacesse la *Divina Commedia*» commentò evidentemente deluso come se il suo amico avesse annunciato con tanta enfasi la scoperta dell'acqua calda. «Ma arrivare a tanto per nascondere un libro sia pur bello, nobile e importante...»

«Ma non ti rendi conto?» reagì Lucio. «Ragiona in base alla situazione dell'epoca. Stiamo parlando dell'autografo, della copia unica, del poema vergato dalla mano stessa dell'Alighieri, di un tesoro universale, di un patrimonio assoluto della creatività umana. In quel momento unico, irripetibile, insostituibile, irrecuperabile. Una perdita del genere giustifica pienamente il verificarsi nell'autore di uno stato depressivo di tale importanza da provocarne la malattia e la morte. Capisci adesso?»

«Siamo stanchi» disse Marras scuotendo la testa. «Stiamo dando i numeri; forse è meglio se ce ne andiamo tutti a letto. Domani, a mente fresca, forse...»

«Ma è chiaro, non capite?» insistette Lucio che ormai aveva il vento in poppa e non si lasciava scoraggiare da nessun tipo di scetticismo. «Pensateci un momento: Dante morì nel suo viaggio di ritorno da Venezia, esattamente come il personaggio cui fa riferimento il nostro testo, che subì una perdita così grave da farlo cadere ammalato e poi da ucciderlo.»

«Potrebbe essere stata la perdita di un figlio...» obiettò Fossa.

«Di più» replicò Lucio. «Immaginate Dante che perde, o meglio, è derubato dell'autografo del suo poema, l'opera cui *"ha posto mano e cielo e terra / sì che m'ha fatto per più anni macro"*. Pensateci: tutto coincide, anche l'epoca. Immaginate lo scenario: Dante giunge a Venezia inviato da Guido Novello da Polenta, il signore cui accennano le ultime parole del nostro testo. Ha con sé il manoscritto del suo poema da cui non riesce più a separarsi perché continua a ritoccarlo, a perfezionarlo. Qualcuno viene a saperlo: un maniaco, un cacciatore di rarità. La cultura in Occidente si sta risvegliando e i Veneziani in particolare, che sono da tempo a contato con la civiltà bizantina, sanno che cosa significa, quali immense conseguenze può avere questo risveglio, quale incommensurabile valore potranno avere le opere basilari della civiltà occidentale...»

Barrese che taceva da qualche tempo si passò una mano sulla fronte, poi alzò il dito indice come a chiedere l'attenzione dei presenti: «Qualcuno di voi conosce l'epistola di Dante a Cangrande della Scala?» chiese.

«Be', sì,» rispose Fossa «ma se dovessi dire che cosa contiene non saprei da dove cominciare.»

«È una specie di dedica del poema allo stesso Cangrande, se ricordo bene» disse Marras. «Ma oltre non vado.»

«È più o meno così,» confermò Barrese «ma anche molto di più. Se la lettera è autentica, e ormai sembra non ci sia più ragione di dubitarne, Dante vi afferma dei concetti che oggi potrebbero apparire deliranti e che alla sua epoca avrebbero potuto costargli l'accusa di eresia e forse anche il rogo.»

«Continui» disse Fossa.

«Dante, in sostanza, afferma che ciò che descrive

nella *Commedia*, ossia la condizione delle anime dopo la morte, è il ricordo parziale, ma sostanzialmente fedele, di ciò che lui ha realmente visto.»

«Be', forse lui lo credeva davvero» commentò Lucio. «Non mi stupirei che il suo stato di concentrazione raggiungesse la condizione allucinatoria: la forza di certi passaggi è stupefacente, apocalittica...»

«Apocalittica è la parola giusta,» proseguì Barrese «e Dante osa fare un parallelo fra la propria esperienza e quella di san Giovanni a Patmos. Ce n'era più che a sufficienza per arrostirlo, se il papa fosse riuscito a mettergli le mani addosso. Potrebbe essere qui la chiave di questa presunta sottrazione del manoscritto. Per non parlare di eventuali piani di lettura iniziatici della *Divina Commedia*. E se il suo antenato Cacciaguida fosse stato un Templare, per esempio? Dante avrebbe potuto ereditare per vie che ignoriamo una tradizione gnostica o sincretistica propria di certe deviazioni dottrinali che si attribuiscono solitamente ai Templari. Più che un feticismo culturale, che mi sembra prematuro a quell'epoca e in quella specifica condizione, io vedrei qui la sottrazione di un oggetto magico, di uno strumento di iniziazione a segreti altrimenti inaccessibili. Forse addirittura un rituale di qualche genere a noi ignoto...» Sospirò. «Forse sto solo farneticando...»

Marras cercò di riprendere il filo di pensieri più pratici e realistici: «Ma se è vera l'ipotesi della sottrazione dell'autografo,» chiese «da dove viene il testo che è giunto fino a noi, quello che studiamo tutti sui banchi del liceo?».

«Da una copia» replicò Lucio. «*Sei mesi dopo giunse al figlio che grandemente se ne rallegrò.*» Il nostro misterioso ladro fa eseguire una copia – gli ci vogliono sei mesi di tempo – o la esegue egli stesso e la spedisce al figlio del poeta: Pietro, sicuramente, che curò il primo commento. Il quale se ne rallegra moltissimo. Forse era disperato non riuscendo a trovare l'opera paterna fra le sue carte. Ed ecco l'insperata fortuna: il manoscritto giunge da Venezia, probabilmente senza mittente.»

«Ma Pietro sicuramente riconosceva la grafia paterna, si suppone che siano stati a lungo in corrispondenza: come non si accorse che la mano era diversa? E come escludere che il padre non glielo abbia detto? Immagino che Pietro sarà senz'altro accorso al capezzale del padre malato e morente.»

«Forse se ne accorse, forse fu Dante stesso a dirglielo, ma Pietro non rivelò nulla a nessuno, e la cosa non deve meravigliare. Tu che avresti fatto al suo posto? Avresti reso pubblico e commentato il più grande poema di tutti i tempi, scritto dal tuo stesso genitore appena scomparso specificando che non era il manoscritto originale? Ecco qua il commento di Pietro di Dante alla *Commedia*, anzi, a una copia redatta da uno sconosciuto, perché l'originale se lo sono fregato? No. Non l'avrebbe mai detto, né l'avrebbe mai fatto. Se Pietro ha ricevuto la copia e l'ha riconosciuta come tale, non l'ha mai detto a nessuno e ha portato con sé il segreto nella tomba.»

Barrese, che fino a quel punto non aveva proferito verbo, disse solo: «Oh, mio Dio...».

«Ma quel modo grottesco di nascondere il manoscritto, sempre che di quello si tratti» osservò Fossa.

«Il più sicuro. Chi andrebbe a frugare nella pancia del cadavere di un appestato? E chi viene incaricato della bisogna? *Uno che l'aveva già avuta* ossia la peste. Un immune.»

«Come i monatti del Manzoni?» chiese Fossa.

«Esattamente. Solo che la parola manzoniana è di

origine seicentesca e di radice germanica, da *Monat*, "mese", perché se ricordo bene erano pagati o ingaggiati a mese. L'uomo è probabilmente incaricato di trasportare sulla sua nave i morti di un'epidemia e fra quelli anche il cadavere in cui è nascosto il tesoro. Lo sbarca a terra e lo seppellisce, quindi torna a bordo. Qui si consuma l'ultimo dramma. Qualcuno, probabilmente i membri di un equipaggio, potete giurarci, molto ridotto, e sicuramente dipendenti del mandante, hanno praticato dei fori nella chiglia e hanno rinchiuso il nostro uomo nella stiva prima di andarsene, senza sapere il motivo per cui è stato loro commissionato quel delitto. Il mandante dell'assassinio vuole essere così certo del fatto suo che ha anche avvelenato la sua vittima. Forse un veleno a effetto ritardato. Esistono ed esistevano anche allora. A quel punto la nave sta affondando e il poveretto fa quello che può per trasmettere ai posteri la verità. Scrive queste poche righe su un foglio di pergamena che viene trovato sette secoli dopo da un signore inglese un po' figlio di puttana di nome Michael Liddel-Scott che l'imbosca. Ma fa i conti senza l'oste, cioè il nostro amico Agostino Fanti, che Dio lo benedica, che riesce a registrare la sua conversazione con Sir Basil Foster. Ed eccoci qua.»

I presenti erano talmente storditi da quella ricostruzione dei fatti così apparentemente assurda ma così intrigante al tempo stesso che non sapevano se cercare altri argomenti per demolirla o accettarla senz'altro come veritiera. Lucio, sempre più convinto del fatto suo, riprese a perorare la sua ipotesi: «E vi siete mai chiesti come mai non esista una sola parola in tutta la letteratura critica delle origini sull'autografo dantesco della *Commedia*? Che fine ha fatto un documento così importante? E visto che il primo commento del poema è a firma del figlio Pietro, si dovrebbe supporre che a quel punto il manoscritto fosse in mani sicure in grado di trasmetterlo ai posteri. In fondo possediamo documenti originali ben più antichi della *Commedia*».

Barrese inarcò le sopracciglia: «Quello del manoscritto perduto, o del manoscritto come feticcio è un mito romantico: agli antichi non gliene fregava niente».

«Scusa, ma non è tanto vero: già in età ellenistica re Tolomeo II si fece prestare dagli Ateniesi un autografo di Euripide da ricopiare per la grande Biblioteca di Alessandria, poi mandò indietro la copia, peraltro lussuosissima, e trattenne l'originale per sé. Ovviamente gli Ateniesi abbozzarono e fecero finta di niente, non potevano permettersi di scontentare il re d'Egitto. In età romana le schede con gli appunti autografi di Plinio per la *Naturalis Historia* andavano all'asta con prezzi esorbitanti, già a pochi mesi dalla morte dell'autore e anche nel Medioevo si conosceva benissimo il valore di un autografo. Non facevano altro che produrre copie a mano, che diamine, e sapevano bene che cosa succedeva nei vari passaggi. E se volete che vi dica le mie conclusioni in proposito, già che ci sono, questo spiega anche perché l'autografo è stato trascurato al punto che se ne sono perse le tracce. Una cosa assai poco probabile, a ben vedere, ma che si spiega ora, alla luce di questo documento, con la delusione e la frustrazione dell'erede che sa in cuor suo che la preziosa reliquia del genio paterno è perduta per sempre. A che scopo esaltare, conservare, enfatizzare un falso? Che se ne vada in malora e cada nell'oblio. Tanto di copie cominciano presto a circolarne e l'una vale l'altra.»

«Ma perché nascondere il manoscritto in quel modo?» chiese Marras.

«Mah, questo non lo so dire. Probabilmente il nostro uomo voleva montare una speculazione di immani proporzioni o, se è giusta l'ipotesi di Barrese, voleva solo per sé un testo che supponeva o credeva contenere messaggi iniziatici e doveva essere completamente sicuro dell'inviolabilità del nascondiglio. Non so come altrimenti spiegarmelo, inoltre aggiungiamoci una certa dose di follia che non manca mai in individui del genere. In ogni caso, l'autore del messaggio sulla pergamena in un primo momento doveva essere d'accordo con il mandante ed essere al corrente del furto. È per questo suo coinvolgimento che l'espressione dantesca filtra attraverso la sua drammatica testimonianza.»

Fossa, ormai conquistato, si strinse nella spalle: «Mah... certo è un'ipotesi affascinante, ma...»

«Troppo bella per essere vera?» lo anticipò Lucio. «Può darsi. Ma dimentichi che abbiamo la possibilità di tentare un riscontro...»

«Lo scavo?» lo anticipò Marras scuotendo il capo. «Mi sembra che comunque avremmo scarse possibilità di successo. Chi fece nascondere l'autografo a quel modo sarà pur tornato a riprenderselo, a meno di non immaginare che abbia fatto tutto questo solo per una sorta di macabro rituale magico di cui ci sfugge il significato.»

«Lo scavo» ripeté Fossa. «Lo scavo... Mio Dio, te lo immagini? L'autografo di Dante? No, ha ragione Stefano, è impossibile, non voglio nemmeno pensarci. Però... diavolo, se avessimo culo... titoloni a nove colonne sulla prima pagina di tutti i giornali del mondo. Servizi televisivi su tutte le reti planetarie, tam tam su Internet, ricevimento al Quirinale, forse anche il Nobel per la cultura, ammesso che esista.»

«No, non esiste» lo fermò Marras. «Esiste per la letteratura, ma noi non abbiamo scritto niente di così importante. E comunque dobbiamo capire dov'è il luogo della sepoltura. Sei tu, Lucio, il topografo. E se ci sei, batti un colpo.»

Masera sembrò riscuotersi in quel momento. Aprì la sua cartella e disse: «Forse ce l'ho io intanto un colpo da battere. Ieri sera sono passato dal laboratorio di analisi a prendere i referti sulle ossa dello scheletro trovato nel relitto e non ho ancora avuto il tempo di dargli un'occhiata».

Barrese si volse verso Lucio: «State parlando di quel teschio che mi appoggiasti sul tavolo l'altra sera?».

«Già. Se la mia ipotesi è esatta: lui è il nostro uomo, cioè quello che ha lasciato scritto il testo che abbiamo ascoltato poco fa. Coraggio, Alberto, apri quella busta.»

Fossa eseguì e il rumore della carta che si stracciava risuonò quasi assordante in quel silenzio del mattino, nel chiuso della stanza fumosa. Poi si mise a leggere e un'espressione di stupore e di soddisfazione al tempo stesso apparve sul suo volto. Mostrò in giro il referto dove appariva ben evidenziata, assieme ai risultati delle altre analisi, la scritta: "Tracce di arsenico nel tessuto osseo".

«Bingo!» esclamò Lucio. «Che cosa vi dicevo? E adesso vogliamo parlare ancora di coincidenze?»

Tutti si guardarono in faccia colpiti da quella ulteriore, inaspettata rivelazione. Erano tutti pallidi e con le occhiaie, stanchi morti per la notte insonne e per le emozioni vissute ma si vedeva bene che nessuno di loro avrebbe voluto andare a dormire per nessuna ragione al mondo.

«A questo punto non manca che la localizzazione di quella sepoltura» concluse Marras.

Lucio diede un'occhiata ai suoi appunti e ai suoi disegni: «Io ho elaborato un'ipotesi» disse. «Ovviamente lo stato della ricerca era tale da rendere assolutamente prematuro un annuncio al convegno.»

«Ovviamente» assentirono tutti gli altri.

«Ma date le circostanze tanto vale vuotare il sacco. O la va o la spacca. Allora, secondo me c'è una possibilità che le linee intersecanti che appaiono nella parte destra del graffito, intendo destra per chi lo osserva verso la prua, siano il prolungamento del profilo del muro meridionale dell'antico monastero di San Marco e del profilo settentrionale del muro del chiostro che ha un andamento obliquo rispetto alla pianta dell'edificio principale. Eccoli qua» disse indicando un settore del disegno che aveva riprodotto su un foglio di carta. «Come potete vedere, questi sono i rilievi dei due muri di cui ho detto prima e si nota bene che l'angolo di incidenza corrisponde a quello che vediamo nel graffito. Può essere una coincidenza casuale ma non va trascurata. Ora osserviamo questa figura a forma di rombo che risulta all'interno dell'intersezione. Colui che l'ha incisa nel legno ha voluto indicare il punto di incontro delle due perpendicolari condotte dal centro delle due linee risultanti dal prolungamento del muro del chiostro e del muro del convento. Questo simbolo, seguito da una cifra, indica un'unità di misura dell'epoca, la pertica veneta, di cui è noto esattamente il valore. Dall'intersezione delle due perpendicolari parte un'altra linea il cui prolungamento dividerebbe esattamente in due l'angolo interno del rombo ma che porta un'altra indicazione in pertiche in direzione del muro orientale del monastero. Lì, potrebbe esserci la sepoltura dell'appestato che ha nella pancia l'autografo della *Commedia* di Dante Alighieri.»

Marras osservò in silenzio la ricostruzione di Lucio e poi la passò a Fossa. «Che te ne pare?» gli chiese.

«Potrebbe essere, perché no? In fondo ha una sua logica. Il tracciato dei muri è ancora leggibile ed è stato regolarmente rilevato. Effettivamente il loro prolungamento corrisponde esattamente a questo angolo. Dunque se sono vere le premesse, potrebbero essere vere anche le conseguenze. Vorrei solo osservare una cosa.»

«Di che si tratta?» domandò Lucio.

«Di questo foglio: è una fotocopia.»

«Cosa?»

«Guarda tu stesso.»

Lucio esaminò il foglio e annuì: «Hai ragione, accidenti».

«E l'originale dov'è?»

Lucio scosse il capo: «Che mi venga un accidente se lo so».

«Sembra una sorta di ricorso storico» osservò Barrese. «Stiamo parlando di copie e di originali ed ecco che il tuo documento risulta essere una fotocopia. Curioso, no?»

«Più che curioso, sospetto» ribatté Lucio. «Se qualcuno ha fatto la fotocopia lo ha fatto di nascosto. Si tratta di uno studio non pubblicato e quindi non destinato a circolare. È comunque un'azione illecita.»

«Chi può essere stato?» si domandò Marras.

«Non dovrebbe essere difficile stabilirlo» osservò Fossa. «Puoi ricostruire i tuoi movimenti in questi due giorni e cercare di ricordare quando hai lasciato incustodita la tua borsa in prossimità di una fotocopiatrice.»

«Da' qua, fai vedere» disse Marras improvvisamente curioso. Lucio gli passò il foglio e lui l'appoggiò sotto la lampada da tavolo di Barrese esaminandolo con attenzione, poi prese un tagliacarte e indicò un punto in mezzo al foglio: «Vedete qui? C'è questo segnetto trasversale. Può essere un graffio sul vetro, per esempio.

In ogni caso le possibilità si riducono. Di fotocopiatrici a portata di mano durante i tuoi ultimi spostamenti ce ne sono solo due: la prima è nel nostro ufficio alla cooperativa di scavo. La seconda è alla Fondazione Cini dove hai parlato ieri».

Lucio si sforzò di ricordare: «Adesso che mi ci fate pensare sono passato anche dalla copisteria tornando dal cantiere per fare un po' di lucidi dei disegni di scavo. Può darsi che il commesso, per errore, abbia fotocopiato tutti i fogli contenuti nella carpetta. E se le cose stano così l'originale sarà ancora in copisteria».

«Ma supponiamo che invece sia stato fotocopiato alla Fondazione Cini, per esempio. Lì c'erano sia Liddel-Scott che Sir Basil Foster. Ti risulta di aver lasciato la borsa incustodita?»

«Be', sì. Mica uno si immagina che in un congresso di studiosi, in un'accolta di valentuomini, bisogna tenersi strette le cose se no te le rubano.»

«Bene» proseguì Marras. «A quest'ora è tutto chiuso e non possiamo fare alcun controllo ma intanto supponiamo che Liddel-Scott abbia l'originale di questo foglio. Queste annotazioni in basso potrebbero consentirgli di tirare delle conclusioni?»

Lucio guardò l'appunto vergato a penna in calce al grafico, "sito per un possibile sondaggio", e restò a lungo in silenzio.

Barrese si alzò: «Gente, abbiamo fatto venire ora di colazione. Visto che a questo punto non possiamo risolvere niente proporrei una duplice opzione: o i croissant caldi dal fornaio quaggiù all'angolo oppure una padellata di uova fritte e pancetta qui da me. Ho il colesterolo a duecentottanta e me ne frego».

«Io di solito prendo un cappuccino, decaffeinato» disse Fossa come se fosse già al bar.

«Io direi i croissant» propose Marras come se l'amico non avesse parlato. «Così prendiamo anche una boccata d'aria. Ne abbiamo bisogno.»

Si alzarono uno dopo l'altro e seguirono Barrese giù per le scale. Appena uscirono in strada percepirono fortissimo l'effluvio di croissant caldi che riempiva il campo e poterono quasi seguirne la traccia con l'olfatto. Il forno era l'unico locale illuminato nell'oscurità del sottoportico e spandeva un senso di calore in quella mattinata piuttosto fredda, quasi un annuncio d'autunno.

«Bepi!» ordinò Barrese. «Una mezza dozzina, per cominciare e di' alla Teresa di mettere su la moka grande che prendiamo tutti il caffè.»

L'interpellato si diede immediatamente da fare mentre Lucio sembrava sempre più assorto nei suoi pensieri.

Marras gli si avvicinò e gli appoggiò una mano sulla spalla: «Lascia perdere, magari non è niente. Magari mi sono sbagliato. E non è detto che la tua ipotesi non sia una ricostruzione coincidenziale. Così bella che ci ha tutti affascinati, ma non necessariamente vera».

Il profumo del caffè appena fatto si mescolò a quello dei croissant caldi creando una specie di densa atmosfera epicurea.

«E le tracce di veleno nelle ossa di quell'uomo?»

«L'arsenico si accumula anche per vie naturali, non lo sapevi? Lì parla di tracce, non dà delle quantità specifiche. Le ossa possono averlo assorbito dall'acqua. Hai idea di quanti veleni sono stati scaricati in questi paraggi negli ultimi quarant'anni? Siamo di fronte a Marghera, sai? Magari se fai analizzare altre ossa ci trovano la stessa quantità di arsenico e magari piombo, mercurio, e chissà quante altre porcherie...»

«Agostino...» disse improvvisamente Lucio.

«Che cos'ha Agostino?»

«Dovrebbe avere ancora le chiavi della foresteria della Fondazione Cini. La fotocopiatrice è lì.»

«Ammettiamo che sia così. E poi?»

«E poi, se ho sufficienti elementi per ritenere che siano stati loro io...»

«Che cosa?» ripeté Marras a bocca piena.

«Non lo so... ma sono in pensiero. Tutto sommato potrebbero arrivarci, voglio dire a trarre le stesse conclusioni che ho tratto io. Non sono mica degli stupidi.»

«Assolutamente no. Tuttavia la tua resta un'ipotesi remota. Scordati che possiamo tornare all'ospedale: a quest'ora non ci farebbero entrare nemmeno nell'atrio.»

«Potremmo entrare dal pronto soccorso: io faccio finta di essermi slogato una spalla, che so... e tu vai su da Agostino.»

«Ma neanche per idea. Senti, io ti propongo di fare l'unica indagine possibile a quest'ora del mattino. Proviamo a chiamare Savelli: potrebbe essere ancora in circolazione.» Marras prese dalla tasca il cellulare e formò un numero.

«A chi telefoni a quest'ora?» gli chiese Fossa dopo aver trangugiato l'ultimo boccone.

«A Savelli. Se è ancora in giro potrebbe rispondermi. «Eccolo, infatti... Ciao, tenente, sono Stefano Marras.»

«Stefano! Sei mattiniero. Che ci fai in piedi a quest'ora antelucana?»

«Devo preparare la giornata di scavo e ieri non ho avuto tempo, con la faccenda del povero Agostino. Ma senti un po', sbaglio o sei andato dalle parti di Torcello, diciamo alla locanda Cipriani?»

«E tu come fai a saperlo?»

«Me l'ha detto un uccellino. Diciamo che la tua lancia risaliva il canalino verso le due di questa notte.»

«Sei bene informato.»

«Abbastanza.»

«Cercavi Foster, per caso?»

«Questi non sono affari tuoi, mi pare.»

«Fino a un certo punto. Agostino è un mio amico. Dimmi solo se l'hai trovato e se per caso c'era anche Liddel-Scott.»

«Il concierge ha detto di sì, che erano ambedue in camera loro.»

«Ma tu te ne sei accertato?»

«Certamente. Mentiva o, comunque, non era bene informato.»

«E come fai a dirlo, se è lecito?»

«Perché stanno rientrando in questo momento. Ti saluto. Ci sentiamo più tardi.»

«Foster e Liddel-Scott stanno rientrando alla locanda Cipriani proprio adesso. Me lo ha detto Savelli che gli sta alle costole» disse Marras agli amici.

«Mi piacerebbe sapere dove sono stati fino a ora» commentò Lucio. «E se devo dire la verità la cosa mi preoccupa. Liddel-Scott è uno perfettamente in grado di effettuare un sondaggio e non sarebbe la prima volta che sottrae reperti di fondamentale importanza da uno scavo.»

«Andiamo,» disse Marras «di notte...»

«Chi ci ha provato una volta ci può provare una seconda. E poi, se ho ragione, la posta in gioco è troppo grossa e a questo punto non fa più molta differenza. Io direi di provare.»

«Provare cosa?» chiese Fossa che si era reinserito nella conversazione.

«A fare un sondaggio nel sito che ho ipotizzato nel mio grafico.»

«Si può fare. Anche domani.»

«Io dico adesso.»

«Nel senso di "ora"?»

«Esattamente. Quando se no?»

«Ma sono le quattro e tre quarti.»

«L'ora migliore. Se chiamiamo un taxi siamo al cantiere fra venti minuti. La marea è buona e possiamo scendere sul pontone. Il teodolite è già là nel cassone chiuso a chiave. Battiamo due quote, localizzo il punto e quando ho finito voi siete già pronti per il sondaggio. Una trincea piccola, di sessanta per un metro e mezzo, profonda settanta-ottanta centimetri, fango morbido, che ci mettiamo? Per ora di colazione, voglio dire, per l'ora canonica di colazione, abbiamo finito.»

Lucio si volse verso Marras: «Tu che ne dici?».

«Io dico di andare. Non sta scritto da nessuna parte che due funzionari solerti non possano decidere di fare gli straordinari in anticipo sull'orario di lavoro anziché in orario successivo.»

«Allora si va» assentì Lucio riponendo le sue carte nella borsa e alzandosi in piedi.

«Ehi, dove credete di andare?» disse Barrese che non aveva perso una battuta. «Mi avete buttato giù dal letto alle due del mattino e pensate di svignarvela così senza di me?»

«Tu sei sedentario, Barrese. Ti verrà l'infarto» rispose Lucio.

«Sono cavoli miei. Questa, se è vera, è troppo grossa e non me la voglio perdere.»

Il taxi, chiamato per telefono, arrivò in una decina di minuti e i quattro presero il largo verso la laguna, in direzione del cantiere. Strada facendo Lucio faceva e rifaceva i suoi calcoli, tracciava disegni, rimuginava i suoi ragionamenti. L'eccitazione era alle stelle, eppure nessuno riusciva a proferire parola.

Il taxi attraccò dieci minuti dopo al pontone delle idrovore e i quattro scesero uno alla volta. Barrese, per ultimo, venne praticamente issato di peso da Marras e Fossa che lo imbragarono prudenzialmente con un paio di funi. Subito dopo Fossa andò per mettere in moto le idrovore e asciugare quel poco d'acqua che era piovuta dal cielo e filtrata dalla laguna all'interno del cantiere ma appena si avvicinò al gruppo elettrogeno si volse indietro verso i compagni con un'espressione allarmata: «Ragazzi, questo motore è caldo!».

«Cosa?» rispose Lucio ancora più allarmato.

«Vieni tu stesso a sentire.»

Lucio si avvicinò e appoggiò la mano alla testata del generatore, ancora tiepida: «Cristo! Questa macchina ha funzionato fino a un'ora fa, forse anche meno».

Tutti si guardarono in faccia costernati.

«Questo che cosa significa esattamente?» domandò Barrese dal fondo della sua abissale ignoranza tecnologica.

«Che qualcuno è stato su questo cantiere a lavorare o a rubare, se preferisci, fino a poco fa mentre noi mangiavamo croissant caldi. Qualcuno che aveva le chiavi del generatore.»

«Liddel-Scott» concluse Fossa.

«Direi proprio di sì visto che Agostino giace in un letto d'ospedale profondamente sedato. Anche se in teoria le chiavi le hanno anche i terzisti e gli operai della manutenzione.»

«Scusate la mia ignoranza in materia,» intervenne Barrese «ma se qualcuno si fosse aggirato a razzolare in questo luogo fino a poco tempo fa non si vedrebbero le tracce dell'intervento?

«In teoria sì,» rispose Marras «ma se avessero voluto cancellarle, nulla di più facile: avrebbero usato un getto d'acqua, colato fango liquido nel buco, e poi sommerso tutto con l'acqua. Si assesta tutto, come se non fosse passata anima viva.»

«Interessante» rispose Barrese non sapendo che altro dire.

«Volete sapere cosa penso?» disse Lucio.

«No» rispose Marras. «Ce lo immaginiamo. A questo punto diamoci da fare, almeno sapremo se tutto il casino che stiamo facendo aveva qualche ragion d'essere.»

Estrasse il teodolite dal cassone degli attrezzi e cominciò a battere le quote seguendo le istruzioni di Lucio. Poi, posizionato il punto per il sondaggio, scesero tutti e tre sul fondo della laguna, e cominciarono a scavare. Barrese li guardava dall'alto affascinato. In pochi minuti si erano sporcati di fango dalla testa ai piedi e continuavano a scavare a ritmo sostenuto. Scendevano rapidamente raschiando il terreno con il bordo laterale delle pale, poi a un certo momento Marras si inginocchiò e disse: «Fermi, mi pare che ci siamo».

«Che cosa vedete?» domandò Barrese dal suo punto di osservazione.

«I resti di una inumazione, tavole di legno, forse ricavate dal fasciame di una barca... rimosse e appoggiate di lato...»

«Vuoi dire che è già passato qualcuno?»

«Non si può escludere» rispose Lucio. «La posizione però era perfetta, accidenti.»

«Ed ecco lo scheletro!» esclamò Fossa.

«Cristo, fatemi scendere, voglio vedere anch'io!» gridò Barrese fuori di sé per la curiosità e l'eccitazione.

Seguirono alcuni interminabili istanti di silenzio. Poi Lucio si alzò in piedi asciugandosi il sudore con il risvolto della manica: «Puoi risparmiarti la fatica, ci sono solo delle ossa».

«Ne sei proprio sicuro? Avete guardato bene?» insistette Barrese.

«Scherzi? È il nostro mestiere, no?»

«Allora è vero che è già passato qualcuno?»

«Già. Così si direbbe. Ma non possiamo esserne del tutto sicuri. Come ho detto prima, il fango intriso d'acqua si assesta e si ricompatta perfettamente anche nel corso di poche ore. Può essere stato settecento anni fa, quando il nostro misterioso ladro decise finalmente di riprendersi il malloppo, può essere stato da poche ore. Difficile dirlo. L'unica cosa sicura è che noi non siamo stati i primi a provarci.»

Lucio e Stefano Marras risalirono, mogi, uno dopo l'altro, fino al pontone e cominciarono a sfilarsi le tute di fatica, mentre Fossa restava ancora sul fondo a sistemare gli attrezzi. Erano tutti così depressi che non si accorsero nemmeno che un'altra barca stava attraccando e quando si voltarono per scendere si trovarono di fronte Basil Foster e Liddel-Scott.

«Non sono potuto ripartire senza dare un'occhiata a questo magnifico cantiere» disse Foster. «E vedo che siete già all'opera a quest'ora del mattino: formidabile! Non v'è dubbio che i soldi della Fondazione vengano qui messi a frutto nel migliore dei modi.»

Lucio non mostrò nemmeno sorpresa: «Grazie, Sir Basil» si limitò a rispondere rispettosamente.

«Sa una cosa?» disse ancora Foster. «Quando guardo il fasciame di quel relitto mi vengono in mente quei versi dell'*Inferno* di Dante:

> Quale ne l'arzanà de' Viniziani
> bolle l'inverno la tenace pece...»

«Anche a me,» rispose Lucio «anche a me. È un riferimento che viene spontaneo, non trova?»

Foster ripartì per andare a prendere il suo aereo e poco dopo squillò di nuovo il cellulare di Marras. Era il tenente Savelli: «Sono ripartiti. Mi sembra che vengano al cantiere».

«Lo sappiamo,» rispose Marras «lo sappiamo.»

«Ah. Sono già lì?»

«No, se ne sono già andati.»

«Però, veloci... Agostino sta bene: lo dimettono oggi.»

«Meglio così.»

«Date le circostanze e in assenza di ulteriori elementi a carico degli indiziati, per il momento non si può fare altro che soprassedere in attesa di eventuali sviluppi. Ci vediamo in giro, Stefano.»

«Ci vediamo, tenente» rispose Marras chiudendo la comunicazione e infilandosi il cellulare nel taschino.

«Ehi, ragazzi!» risuonò improvvisamente la voce di Fossa, e in quel silenzio sembrò una tromba del Giudizio.

«Che c'è ancora?» chiese Lucio.

«Secondo voi, questo che cos'è?»

Fossa risalì in fretta sul pontone e appoggiò al cassone degli attrezzi un minuscolo frammento sporco di fango.

Lucio ci versò sopra dell'acqua fino a lavarlo completamente e fu evidente che si trattava di un pezzetto di pergamena non più grande di un centimetro quadro in cui sembrava si potessero riconoscere delle lettere.

Barrese si avvicinò e guardò quel minuscolo reperto in religioso silenzio per un interminabile minuto poi alzò gli occhi velati di commozione: «Potrebbe essere tutto quanto ci resta?» chiese. «L'ultima reliquia dell'opera di Dante?»

Lucio assentì gravemente e anche gli altri compagni, tutti egualmente silenziosi e commossi.

«Potrebbe,» rispose alla fine Lucio «e appena saremo in grado di leggere queste lettere, tu potrai dire se abbiamo in mano un lembo di paradiso, o un pezzo d'inferno.»

AKROPOLIS

Un viaggio ideale nell'antica Grecia alla ricerca dei luoghi che sono stati teatro di gesta e leggende: tra dei, eroi, poeti, filosofi e condottieri, scopriamo la civiltà che da più di duemila anni costituisce il modello di riferimento per tutto il mondo occidentale, la patria della tragedia, dell'arte e della libertà.

(n. 1160), pp. IV-252, cod. 449138, € 8,40

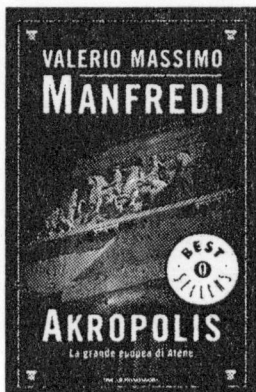

PALLADION

Dalla Turchia alle sponde del Tirreno un archeologo insegue le secolari tracce del mitico Palladio, la più sacra tra le immagini di Atena, sottratta da Ulisse alla rocca di Troia. Ma gli intrighi di un tempo sono ancora carichi di minacce, e l'archeologo si trova braccato da tanti, troppi nemici... Un romanzo originale e carico di suspense.

(n. 206), pp. 308, cod. 435005, € 8,40

VALERIO MASSIMO MANFREDI

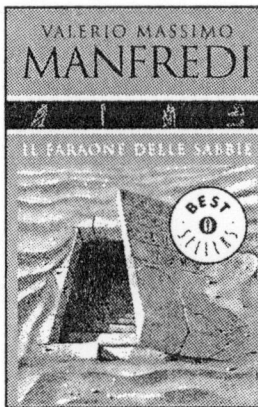

IL FARAONE DELLE SABBIE

Mentre la polveriera mediorientale sembra sul punto di esplodere, il famoso egittologo William Blake viene chiamato per esaminare una strana tomba che da millenni custodisce un inquietante mistero, capace di sconvolgere gli equilibri mondiali... Un originale thriller archeologico ricco di atmosfera e suspense.

(n. 987), pp. 378, cod. 447080, € 8,40

CHIMAIRA

Un mistero sembra avvolgere la famosa statuetta etrusca *L'ombra della sera*. Un mistero pericoloso, legato a inquietanti omicidi compiuti forse da una belva terrificante, a oscuri rituali, a una storia d'amore travolgente e di odio bruciante, capaci di varcare i secoli.

(n. 1211), pp. 252, cod. 450111, € 8,40

LE PALUDI DI HESPERIA

Al ritorno da Troia l'eroe greco Diomede si trova tradito e odiato dalla moglie. Lascia dunque Argo, la sua patria, per cercare rifugio lungo le coste italiche e, ancora una volta, incontra il grande Enea ormai stabilitosi nel Lazio per ingaggiare con lui l'ultimo duello. Un'avventura epica e commovente che trae ispirazione dai poemi di Omero e degli antichi aedi.

(n. 658), pp. 336, cod. 440752, € 8,40

LO SCUDO DI TALOS

Abbandonato in tenera età dai genitori per la sua deformità, lo spartano Talos riuscirà a diventare comandante di battaglione e a distinguersi come lucido e implacabile sterminatore di nemici. Un romanzo spettacolare e storicamente rigoroso sullo sfondo delle guerre persiane.

(n. 153), pp. 336, cod. 433371, € 7,80

VALERIO MASSIMO MANFREDI

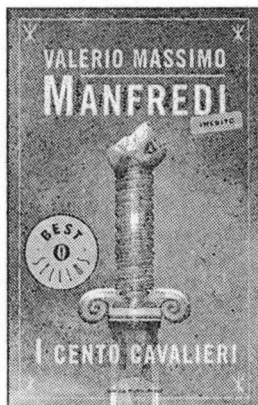

I CENTO CAVALIERI

Ambientati nell'antica Grecia o tra le
due guerre, nelle corti rinascimentali
o in una centrale nucleare all'alba del
Duemila, questi tredici racconti rivelano
tutta la capacità dell'autore di
rendere la Storia sempre attuale. E di
raccontare le immutabili passioni del
cuore umano, le sue miserie e le sue
grandezze.

(n. 1280), pp. 280, cod. 449117, € 8,40

L'ORACOLO

Atene 1973: la Grecia è sconvolta dal
susseguirsi di misteriosi quanto efferati
omicidi. La spiegazione degli orrendi
fatti sembra essere nascosta nel
vaso d'oro di Tiresia, che un archeologo
ha da poco portato alla luce. Così,
tra passato leggendario e presente,
si riannodano i fili di una millenaria
avventura.

(n. 261), pp. 364, cod. 436133, € 8,40

LA TORRE DELLA SOLITUDINE

All'inizio dei tempi un popolo eresse una misteriosa torre nel cuore del Sahara. Per ritrovarla, tre uomini si avventurano nel deserto, uniti da un bizzarro destino: un archeologo, un colonnello della Legione Straniera e un sacerdote. Davanti alla torre si compirà la sorte di ognuno di loro, mentre dai confini dello spazio e del tempo riecheggerà il più superbo e sconvolgente dei messaggi.

(n. 784), pp. 308, cod. 442781, € 8,40

L'ULTIMA LEGIONE

Anno Domini 476: il barbaro Odoacre depone Romolo Augusto e il sipario cala definitivamente sulla civiltà di Roma. Ma un pugno di legionari ha ancora un'ultima, disperata missione da compiere: liberare il giovane imperatore dal suo dorato esilio di Capri. Inizia così una caccia all'uomo senza esclusione di colpi... Dal genio narrativo di Manfredi, un romanzo avvincente sulla fedeltà agli ideali, l'amicizia, il coraggio e l'amore.

(n. 1367), pp. 476, cod. 452118, e 8,40

«L'isola dei morti»
di Valerio Massimo Manfredi
Oscar bestsellers
Arnoldo Mondadori Editore

Questo volume è stato stampato
presso Mondadori Printing S.p.A.
Stabilimento NSM – Cles (TN)
Stampato in Italia. Printed in Italy